스마트폰
리터러시

손안의 감옥에서 자유하기

스마트폰
리터러시

김영한 지음

샘솟는
기쁨

부모와 교사, 목회자에게
실제적인 디지털 리터러시

불은 삶을 따뜻하게 지켜 주는 귀한 도구이지만, 방심하면 재앙이 되기도 합니다. 스마트폰도 그렇습니다. 이 책은 편리함 뒤에 숨은 위험을 드러내며, 다음 세대가 겪는 문제와 상처를 영적, 정서적 관점에서 보여 줍니다. 저자는 중독의 원리와 회복 과정을 균형 있게 풀어내며, 기술이 아닌 '사람'에게 시선을 돌리게 합니다. 실제 사례를 통해 아이들이 왜 스마트폰에 사로잡히는지, 또 어떻게 건강한 습관과 디지털 리터러시를 세워 갈 수 있는지를 따뜻하게 안내합니다. 부모와 교사, 사역자 모두에게 꼭 필요한 통찰과 지침이 담긴 이 책을 기쁘게 추천하며, 이를 통해 가정과 공동체가 다시금 하나님이 주시는 지혜와 분별력을 회복하기를 바랍니다.

주경훈 | 오륜교회 담임목사

오늘날 부모와 사역자들의 가장 큰 고민은 '스마트폰'입니다. 『스마트폰 리터러시』에서 김영한 목사님은 청소년의 과몰입 문제를 진단하고, 신체·심리적 폐해와 범죄 위험까지 다루며 해법을 제시합니다. 무엇보다 다음 세대를 지켜야 한다는 간절한 마음이 부모를 위한 실제적 대안으로 구체화되어 있습니다. 자녀와 함께 읽고 교회 공동체 안에서 나눈다면 큰 유익을 얻게 될 것입니다. 이 책은 단순한 문제 제기를 넘어, 부모와 교회가 함께 청소년을 지켜 낼 수 있는 실제적 길을 제시합니다.

천한필 | 예다임교회 담임목사

스마트폰은 피할 수 없는 시대의 조건이 되었습니다. 이 책은 과몰입의 실체와 원인을 밝히고, 건강한 삶과 관계 회복을 위한 대안을 실제 사례와 함께 제시합니다. 단순한 정보 제공을 넘어 새로운 삶으로 나아가도록 이끄는 마중물이 될 것입니다. 읽는 이로 하여금 스마트폰을 넘어 삶의 본질을 다시 성찰하게 만드는 힘이 있습니다.

김건우 | 좋은씨앗교회 담임목사

청소년 문제 행동의 상당수가 스마트폰 과의존과 연결되어 있습니다. 이 책은 중독 극복을 위한 구체적 전략과 미디어 리터러시의 다섯 가지 능력(접근·분석·평가·창조·행동)을 안내합니다. 스마트폰을 다스릴 때 진정한 자유와 풍성한 삶이 가능함을 보여 줍니다. 특히 부모와 자녀가 함께 실천할 수 있는 구체적 방법을 제시한다는 점에서 더욱 가치가 있습니다.

서상복 | 해피가정사역연구소 소장

저자는 스마트폰을 '손안의 감옥'이라 부르며, 불의 양면성을 통해 그 위험과 유익을 설득력 있게 보여 줍니다. 이 책은 분명한 진단과 따뜻한 처방을 담아 공동체적 책임과 협력을 강조하며, 교회와 가정 모두에 필요한 선물이 됩니다. 스마트폰이라는 현실적 문제를 넘어 공동체적 회복의 길을 제시하는 점이 특별합니다.

정석원 | 오늘의교회 담임목사

『스마트폰 리터러시』는 청소년의 마음과 뇌, 그리고 가정을 정면으로 마주하게 합니다. 스마트폰이 도파민 회로를 장악하고 관계와 학습을 무너뜨리는 과정을 임상 사례와 뇌과학으로 보여 주며, 부모와 교사가 바로 적용할 수 있는 실천적 도구들을 제시합니다. 단순한 안내서가 아니라 아이들의 내면을 다시 숨 쉬게 하는 구조적 처방전입니다. 이 책은 모든 어른이 반드시 읽어야 할 필독서이며, 다음 세대를 위한 책임 있는 선택을 촉구합니다.

정민교 | AL MINISTRY 대표

『스마트폰 리터러시』는 스마트폰을 잘 다루는 기술이 아니라 인간답게, 주체적으로 사용하는 방법을 보여 줍니다. 뇌과학·심리학·철학·사회학을 종합해 스마트폰을 도구로 만드는 구체적 길을 제시하며, 부모와 아이가 함께하는 대안적 접근을 강조합니다. 가족이 함께 읽고 북토크로 나누길 권합니다. 이 책은 단순한 지침서가 아니라 가정과 공동체가 함께 고민하고 실천할 수 있는 새로운 출발점입니다.

권요셉 | 인문심리연구소 대표

이 책은 중독과 과몰입 문제를 뇌과학·심리학·교육학의 언어로 분석하며, '디지털 프리존', '어른의 언어', '디지털 감수성' 같은 개념을 통해 교회와 가정의 양육 구조를 새롭게 설계하도록 돕습니다. 부모와 교사, 목회자 모두에게 꼭 필요한 책입니다. 특히 신앙 공동체가 다음 세대를 지켜 내는 데 있어 실제적이고 적용 가능한 도구를 제공한다는 점에서 더욱 귀합니다.

지현호 | 올리브선교회 대표

복음은 세상 속에서 씨름하며 하나님 나라를 이루는 것입니다. 이 책은 복음을 고립된 말잔치로 만들지 않고, 저자의 깊은 고민과 솔루션을 균형 있게 담아냈습니다. 현장 사역자들이 청소년을 실제로 건져 내는 데 큰 도움이 될 것입니다. 스마트폰 중독이라는 시대적 도전에 맞서 복음의 능력을 어떻게 현실 속에서 구현할 수 있는지를 보여 주는 귀한 지침입니다.

박양규 | 교회교육연구소 대표

스마트폰은 이제 삶의 일부가 되었지만, 뺏는다고 해결되지 않습니다. 『스마트폰 리터러시』는 스마트폰을 '손안의 감옥'이 아닌 디지털 리터러시로 다스릴 힘을 강조하며, 가정 안에 '디지털 프리존'을 마련해 관계와 대화를 회복하도록 안내합니다. 이 책은 부모와 자녀가 함께 자유를 배우고, 공동체가 다시 건강한 소통을 회복하도록 돕는 실제적 나침반입니다.

정윤석 | 기독교포털뉴스 대표기자

저는 프로게이머 시절 하루 20시간씩 게임에 몰입하며 중독의 실체를 경험했습니다. 결국 가족의 품으로 돌아오며 회복을 얻었습니다. 『스마트폰 리터러시』는 중독에 빠진 아이들을 이해하고 받아들일 준비를 돕는 귀한 책입니다. 부모와 교회가 함께 읽고 나눌 때, 아이들을 다시 품에 안을 수 있는 실제적 길이 열릴 것입니다.

서진교 | 작은예수선교회 대표

차 례

스마트폰 없이
아이를 키울 수 있을까

스마트폰은 분명 유용한 도구입니다. 정보도 빠르고, 친구들과의 소통도 쉬워졌습니다. 하지만 그 유용함이 통제되지 않을 때, 아이의 삶을 잠식하는 '손안의 감옥'이 되기도 합니다. 중독이라는 말이 과장처럼 들릴 수도 있지만, 실제로 많은 아이들이 도파민 자극에 이끌려 장시간 과몰입하고 있습니다. SNS, 유튜브, 게임은 단순한 취미를 넘어, 뇌의 보상회로를 자극하며 통제력을 약화시킵니다.

저는 상담가로서 이 현상을 거의 매일 마주합니다. "그만 좀해"라는 말이 무력하게 느껴질 때가 많습니다. 부모와 교사의 질문은 반복되고 있습니다. 우리 아이는 왜 멈추지 못할까요? 스마트폰을 빼앗는 것만으로는 해결되지 않는 이 문제를, 어떻게 이해하고 접근해야 할까요?

스마트폰 과몰입은 단순히 사용 시간이 길다는 뜻이 아닙니다. 자기통제력 저하, 집중력 붕괴, 수면 장애, 시력 저하, 우울감, 분노 조절의 어려움까지, 많은 청소년이 스마트폰으로 인한 문제를 겪고 있습니다. 범죄와도 연결되곤 합니다. 더 많은 연결과 소통을 약속했던 스마트폰이, 오히려 관계를 단절시키고 가정과 학교 공동체를 무너뜨리고 있습니다.

이 책은 그 고민에서 시작되었습니다. 스마트폰을 무조건 나쁘다고 말하기보다 어떻게 하면 아이와 함께 건강하게 사용할 수 있을지, 어떻게 하면 교육과 상담의 언어로 이 문제를 풀어 갈 수 있을지를 함께 고민하고자 했습니다.

모두 여섯 장으로 구성된 이 책은 스마트폰 과몰입의 실체와 원인, 그리고 디지털 리터러시(Digital literacy) 교육의 방향과 회복의 길을 함께 다룹니다. 스마트폰은 '불'과 같습니다. 잘 사용하면 삶을 밝히지만, 그렇지 않으면 깊게 덴 상처를 남깁니다. 중독이라는 감옥에서 벗어나는 첫걸음은 자각이자 인식입니다. 현실을 직면할 용기, 그리고 공동체와 교육의 힘이 필요합니다.

스마트폰은 피할 수 없는 시대의 조건입니다. 하지만 그 안에서도 우리는 여전히 자유를 선택할 수 있습니다. 이 책이 그 길로 나아가는 안내서가 되기를 바랍니다.

신촌 사무실에서, 저자 김영한

CHAPTER 1

하루 6시간
과몰입은
경계경보!

손은 스마트폰을 놓지 못하고, 눈은 화면에 고정되어 있습니다. "그만 좀 해"라는 말이 무력하게 느껴질 것입니다. 습관일까요, 아니면 더 깊은 이유가 있을까요? 뇌의 보상회로, 감정적 의존, 외로움과 연결 욕구가 얽혀 있습니다. 스마트폰 과몰입의 심리적, 신경학적 구조를 함께 들여다봅니다.

1. 손에서 놓지 못하는 상태

평일 기준 스마트폰 사용 시간을 살펴보면 평균 2~3시간 수준이지만, 개별 사용자나 특정 연령층에서는 하루 6시간 이상 사용하는 사례가 빈번합니다. 특히 청소년의 경우 유튜브, SNS, 게임, 채팅 앱 등을 통해 장시간 스마트폰에 몰입하는 경향이 강하게 나타나며, 하루 6시간 이상 사용은 과몰입 경계선으로 인용됩니다.[1]

스마트폰 과몰입은 단순한 습관이 아니라 삶의 균형을 무너뜨릴 수 있는 구조적 문제입니다. 어른이 먼저 알아야 합니다. 그래야 아이도, 우리 사회도 건강한 디지털 환경 속에서 살아갈 수 있습니다.

오랜 시간 동안 중독 상담을 진행하면서 놀라운 점을 자주 목격합니다. 바로 과몰입자 자신은 정작 별문제가 없다고 생각한다는 사실입니다. 그래서 강연이나 집회에서 어른에게든 아이들에게든 반드시 묻는 질문이 있습니다.

"자신이 스마트폰 중독 상태라고 판단하면 손들어 주세요."

이 질문에 정직하게 반응하는 사람도 있지만, 대부분 손을 들지 않습니다. 자신이 어떤 상태인지 모르기 때문입니다.

'남들도 다 이 정도는 하지 않나?'

'요즘은 다 이렇게 사는 거 아닌가?'

이런 생각이 들수록, 자기 인식의 중요성은 더욱 커집니다.

중독 자가 체크리스트

다음 〈스마트폰 중독 자가 체크리스트〉 열 가지 항목을 살펴보고 체크해 보십시오.

1. 가족과의 대화보다 스마트폰을 사용하는 것이 더 편하다. ( )

2. 스마트폰 사용 시간을 줄이는 것이 어렵다. ( )

3. 스마트폰이 손에 없으면 초조하고 불안하다. ( )

4. 스마트폰 사용으로 인해 주변 사람에게 지적받은 적이 있다. ( )

5. 공부 혹은 일이 방해받는 것 같다. ( )

6. 할 일을 잠시 잊어버리는 경우가 있다. ( )

7. 여가 시간 대부분을 스마트폰으로 보낸다. ( )

8. 수면 시간이 줄어들고 피로감을 느낀다. ( )

9. 스마트폰을 사용하느라 늦게 잠드는 일이 많다. ( )

10. 습관적으로 스마트폰을 만지거나 확인한다. ( )

체크리스트 항목 중 4~6개 이상이 자신에게 해당된다면, 스마트폰 중독 가능성이 높습니다.

여기서 말하는 '스마트폰 중독'은 미디어, SNS, 메신저, 게임 등 다양한 콘텐츠에 대한 과몰입 상태이며, 이 모든 활동이 스마트폰을 중심으로 이루어지기 때문에 '스마트폰 과몰입'이라는 표현을 병행해서 사용합니다. 상황에 따라 '미디어 중독/과몰입', 'SNS 중독/과몰입' 등으로 구분해 표기하기도 합니다. 체크리스트 항목 중 4~6개 이상이 자신에게 해당된다면 스마트폰 중독 가능성이 높습니다.

블랙홀같이 빠져든다

중독은 내성화가 일어나서 시간이 지나면 더 깊이 빠져들게 됩니다. 2~3개 항목만 해당된다고 해서 안심할 수 없습니다. 서울 중독심리연구소 김형근 소장은 〈성 중독 체크리스트〉를 제시하며 이렇게 말합니다. "성 중독 항목에 단 1개만 해당되어도, 현재 9~10개를 체크하지 않았더라도 중독자가 될 가능성이 상당하다.

1개든 10개든 체크했다면 중독성이 가속화되기 쉽다는 의미다."[2]

스마트폰 중독도 마찬가지입니다. 자녀가 1~2항목에 해당되기 시작했다면 10개까지 늘어나는 것은 시간문제일 수 있습니다. 2~3항목에 해당되던 사람이 3~6개월 사이에 7~8개 이상 늘어나는 경우가 많습니다. 점점 더 많은 시간을 스마트폰에 할애하게 되면서, 중독의 블랙홀에 빨려 들어가는 것입니다.

그래서 많은 부모들이 고민에 빠집니다. 자녀에게 스마트폰을 너무 일찍 사 주고 난 뒤 후회하는 부모, 아직 주지 않았지만 언제 주어야 할지 고민하는 부모. 이는 연령에 따라 결정할 수 있는 일이 아닙니다. 스마트폰을 절제하며 사용할 수 있는지, 책임감 있게 사용할 수 있는지 상황을 보며 판단해야 합니다.

즉각적인 자극의 쾌감

스마트폰 과몰입은 단순히 반복된 습관이 아니라 그 시작점은 '자각 부족'이며, 그 뿌리는 뇌의 보상 시스템과 깊이 연결되어 있습니다. 스마트폰을 사용할 때마다 즉각적인 자극과 만족을 경험합니다. 알림이 울리고, 메시지가 도착하고, '좋아요'가 눌릴 때마다 뇌는 도파민을 분비하며 쾌감을 느낍니다.[3] 이 반복된 보상은 점차 뇌의 회로를 변화시키고 더 강한 자극을 원하게 만듭니다. 결국 사용자는 통제력을 잃고 스마트폰을 손에서 놓지 못하는 상태에 이르게 됩니다.

이러한 중독은 특히 청소년에게 더 치명적입니다. 아직 자기 조절 능력이 충분히 발달하지 않았기 때문에 자극에 대한 민감도가 높고, 중독에 빠질 위험도 큽니다. 스마트폰은 SNS, 게임, 영상 콘텐츠 등 다양한 중독 요소를 담고 있는 '플랫폼'일뿐더러, 이 복합적인 구조는 중독의 속도를 더욱 빠르게 유도합니다.

어떻게 이 중독을 예방할 수 있을까요? 무엇보다 중요한 것은 '자기 인식'과 '사용 습관의 점검'입니다. 앞에서 제시한 체크리스트는 단순한 진단 도구가 아니라 스스로 돌아보게 하는 거울입니다.

디지털 프리존 설정하기

스마트폰 중독은 가정과 학교, 사회 전체가 함께 대응해야 할 시대적 과제가 되었고, 이에 따라 공교육에서 수업 중 스마트폰 사용을 원칙적으로 금지하게 되었습니다. 이는 학생의 학습권을 보호하고, 교사의 교육 활동을 안정적으로 운영하기 위한 제도적 변화입니다.

청소년은 자기조절(Self-regulation) 능력이 충분히 발달되지 않았기 때문에 중독에 더 쉽게 노출됩니다. 예방 교육의 핵심은 '금지'보다 '이해'이어야 하고, 스마트폰이 왜 중독을 유발하는지, 어떤 방식으로 감정과 행동에 영향을 미치는지를 알려 주는 것이 중요합니다. 중독의 원리를 이해하면 사용에 대한 자율성과 책임감이 생깁니다.

환경적 개입이 병행되어야 합니다. 예를 들어 가족이 함께 '디지털 프리존(Digital-free zone)'을 설정하거나, 학교에서 '디지털 휴식 시간'을 운영하는 방식이 효과적일 수 있습니다. 학교는 법적 규제에 따라 수업 중 스마트폰 사용을 제한하면서, 학생 스스로 사용을 조절할 수 있도록 돕는 교육을 함께 제공해야 합니다.

초등학생에게는 스마트폰의 기능과 사용 목적을 이해시키고, 놀이와 학습의 균형을 강조하는 것이 중요합니다. 중학생에게는 시간 관리와 SNS, 게임의 중독성을 설명하며 자기조절을 강화하는 훈련이 필요합니다. 고등학생의 경우 스마트폰 사용이 학업, 수면, 인간관계에 미치는 영향을 분석하고, 이를 바탕으로 스스로 판단할 수 있는 능력을 기르는 데 초점을 맞춰야 합니다.

스마트폰을 제공할 때는 명확한 기준과 원칙이 필요하며, 사용에 대한 피드백과 감정적 소통이 대화를 통해 지속적으로 이루어져야 합니다. 상담자는 초기 징후를 민감하게 포착하고, 중독으로 발전하지 않도록 예방적 개입을 시도해야 할 것입니다.

스마트폰은 피할 수 없는 시대의 도구입니다. 그러나 그 사용 방식은 선택할 수 있습니다.

2. 가정은 가치와 태도를 형성하는 공간

수업 중 스마트폰 사용이 법적으로 금지됨에 따라 스마트폰 중독 예방 교육의 방향에도 영향을 줍니다. 왜 스마트폰에 몰입하는지, 어떻게 건강하게 사용할 수 있는지를 이해시키는 교육이 필요합니다.

심리학자 로이 바우마이스터(Roy F. Baumeister)는 자기조절 능력이 삶의 성취를 결정짓는 핵심 요소라고 강조합니다.[4] 스마트폰은 바로 이 자기조절 체계를 약화시키는 요인입니다. 알림음과 빠른 피드백은 뇌의 보상 체계를 자극해 즉각적인 쾌락을 강화하고, 이는 곧 집행 기능(Executive function)의 저하로 이어집니다.

인지과학자 대니얼 골먼(Daniel Goleman)은 주의력을 "21세기 학습의 가장 귀중한 자원"이라 표현했습니다.[5] 스마트폰은 이 주의력을 지속적으로 분산시키며, 학생들이 학습에 깊이 몰입하기 어렵게 만듭니다. 따라서 교육 현장에서는 스마트폰 사용을 제한하는 동시에 주의력과 자기조절력 향상을 위한 교육적 개입이 병행되어야 합니다.

한국지능정보사회진흥원과 과학기술정보통신부가 공동 발표한 '2024년 스마트폰 과의존 실태 조사'에 따르면, 청소년의 42.6%가 스마트폰 과의존 위험군에 속하며, 이는 전년 대비 2.5% 증가한 수치입니다. 유아·아동층도 25.9%로 소폭 상승했습니다. 주요 부작용으로는 학업 수행 능력 저하, 수면 장애, 정서 불안 등이 보고되고 있습니다.

이에 대해 심리학자 김경일 교수는 "디지털 환경에서 자기조절력과 인지적 유연성이 더욱 중요해졌다"라고 지적하며, 가정과 학교의 역할을 강조합니다.

올바른 디지털 문화 형성

전문가들은 스마트폰 사용 시기를 자녀의 연령이 아닌 자기통제력 기준으로 판단해야 한다고 강조합니다. 흔히 고등학생이 되면 자기조절이 가능할 것이라 생각하지만, 2024년 실태 조사에서는 청소년의 42.6%가 스마트폰 과의존 위험군에 속하며, 부모 세대조차 사용 조절에 어려움을 겪고 있는 현실입니다. 초등학생과 중학생은 충동 조절 능력이 미숙하기 때문에 사용 금지와 환경적 규칙, 지속적인 지도가 필수적입니다.

또래 집단에서는 스마트폰 활동 없이 어울릴 수 없다는 사회적 불안감이 존재합니다. '다른 아이들은 다 문자로 소통한다'는 인식이 보편화되면서, 아이가 '왕따'가 될까 걱정하며 스마트폰을 요구하고, 부모는 아이가 친구들 사이에서 배제되지 않을까 염려해 이른 시기에 스마트폰을 제공하는 경우가 많습니다.

최근 부모 교육에서는 '올바른 디지털 문화 형성'이 강조되고 있습니다. 스마트폰 과의존의 심리적 요인, 자녀의 자율성과 책임감을 높이는 디지털 사용 규칙 설정법 등이 사례 중심으로 소개되었으며, 부모의 태도 변화와 관계 회복이 핵심 전략으로 제시되고 있습니다.

아직 스마트폰을 아이에게 제공하지 않았다면, 제공 시기를 가능한 한 늦추는 것이 바람직합니다. 악기 연주, 운동, 자연 체험, 독서 등 스마트폰 없이 즐거움을 경험할 수 있는 활동을 함께 제공하는 것이 효과적입니다. 또한 자녀의 감정과 욕구를 이해하고, 많은 대화를 통해 정서적 안정감을 주는 것이 무엇보다 중요합니다.

가정으로 이어지는 금지 법안

스마트폰 사용 금지 법안은 학생들의 학습 집중도 향상과 스마트폰 과의존 문제 개선을 위한 제도적 조치입니다. 이 변화는 가정에 이어져야 합니다. 이미 자녀에게 스마트폰을 제공했다면, 명확한 사용 규칙을 설정하는 것이 중요합니다.

- 밤 8시 이후 사용 금지
- 가족 공용 바구니에 스마트폰 보관
- 식사 시간, 공부 시간에는 사용 제한

이러한 규칙은 가족이 함께 지켜야 하며, 자녀가 어떤 콘텐츠에 노출되고 있는지를 점검하는 부모의 역할이 필요합니다. 유튜브 구독 목록, 검색 기록, 사용하는 앱 등을 살펴 부적절한 콘텐츠에 노출될 위험을 방지해야 합니다. 특히 청소년기는 충동성과 호기심이 강한 시기이므로 사전 관찰과 지속적인 관심, 동반 케어가 필요합니다. 갈수록 부모의 디지털 지도 역량 강화를 강조하고 있습니다.

결국 스마트폰을 어떻게 사용할 것인가가 핵심입니다. 올바른 지도와 감독이 병행될 때, 스마트폰은 유익한 도구가 될 수 있습니다. 학교가 규제를 통해 환경을 정비하고 있다면, 가정은 가치와 태도를 형성하는 공간이 되어야 합니다.

스마트폰 없이 자라는 아이?

중독 전문 강사로 활동하는 저는 부모로서, 청소년기에 접어든 두 아이에게 아직 스마트폰을 주지 않았습니다. 아이들이 유치원에 다니던 시절, 매주 방영되던 TV 프로그램 〈슈퍼맨이 돌아왔다〉를 보기 시작하면서 자연스럽게 책에 대한 관심이 줄어들기 시작했습니다. 분명 1년에 1,500권 이상 그림책을 읽던 아이들이었는데, 잠시 스마트폰 영상을 보여 주자 곧바로 그림책에 대한 흥미를 잃는 모습을 보게 되었습니다.

그 일을 계기로 아이들을 스마트폰에 노출시키지 않기로 결심했습니다. 감사하게도 그 이후 두 아이는 다시 그림책을 읽기 시작했고, 초등학교에 입학한 뒤에도 독서 습관을 꾸준히 유지했습니다. 집 안에 TV도, 스마트폰도 없었기에 아이들은 심심함을 달래기 위해 자연스럽게 책을 찾았는지도 모릅니다.

지금은 청소년이 된 아이들이 예전만큼 책을 많이 읽지 않지만, 방학이 되면 나들이하듯 서점에서 한두 권 사기도 하고, 도서관에서 함께 책 읽는 시간을 갖기도 합니다. 큰딸이 대학생이 되면 최신 스마트폰과 태블릿, 노트북 등을 사 주기로 약속했습니다. 물론 작은딸에게도 똑같이 약속했습니다.

모든 부모가 저처럼 할 수는 없을 것입니다. 가정마다 상황과 여건이 다르기 때문입니다. 다만 강조하고 싶은 것은, 아이가 처음 스마트폰을 접하는 시기가 그만큼 중요하다는 점입니다. 그리고 그 이후에도 지속적으로 세심하게 돌보는 과정이 반드시 필요하다는 것입니다.

이를 위해 만연한 스마트폰 과몰입 현상이 얼마나 위험한지를 깊이 있게 살펴볼 필요가 있습니다. 중독에서 벗어나기 위해서는 스스로 성찰하며 매체를 다룰 수 있는 힘, 즉 '디지털 리터러시'가 필요합니다. 이는 기술 활용 능력을 넘어 정보를 비판적으로 해석하고, 주의력과 시간을 스스로 조절하며, 삶의 목표와 가치에 따라 선택할 수 있는 역량을 의미합니다.

스마트폰 중독은 심리학적이고 인지과학적인 도전 과제이기에, 기기 사용을 금지하고 제한하는 것만으로는 실질적인 해결이 어렵습니다. 이 사실을 충분히 이해하고 보다 깊이 있는 시각으로 접근해야 합니다.

3. 어떤 욕망을 가지고 있길래?

하루에 스마트폰을 몇 시간이나 사용하고 있을까요? 막연하게 생각하던 사용 시간을 실제로 계산해 보면 놀랄 것입니다. 그 시간이 결코 적지 않습니다. 한국 10대 청소년 97%가 스마트폰으로 인터넷을 사용하고 있으며, 주당 평균 사용 시간은 12.6시간에 이릅니다. 정부가 규정한 기준에 의하면 이는 스마트폰 의존 상태에 해당합니다. 이 수치는 생활 습관을 넘어, 청소년의 삶과 정신 건강에 영향을 미칠 수 있는 경고 신호로 받아들여져야 합니다.

뉴스에서는 청소년 스마트폰 중독 비율이 약 20% 전후 수준이라고 보도합니다. 하지만 실제 강의 현장에서 물어보면 상황이 달라도 너무 다릅니다. 스마트폰을 가진 청소년 대부분이 중독 상태라는 사실을 확인할 수 있습니다. 통계가 말하는 수치와 현장의 체감 사이는 분명한 괴리가 존재합니다.

2024년 질병관리청의 '국가 건강 정보 포털 조사'에 따르면, 청소년의 42.6%가 스마트폰 과몰입 위험군에 속합니다. 이 수치조차 실제보다 낮게 평가된 것일 수 있습니다. 청소년의 스마트폰 과몰입은 지속적으로 증가해 온 추세입니다. 2011년 11%였던 과몰입 비율은 2014년 29%로 상승했고, 최근에는 40%가 넘게 치솟으며 명백한 사회적 경고 신호로 작용하고 있습니다.

국제적으로도 상황은 다르지 않습니다. 미국 청소년의 45%는 거의 끊임없이 온라인 상태에 있다고 응답했으며, 절반 이상(56%)이 스마트폰을 가까이 두지 않으면 외로움이나 불안감을 느낀다고 토로했습니다. 이는 스마트폰이 정서적 의존 대상이 되었음을 보여 줍니다. 스마트폰 과몰입은 사회 문제로 확산되고 있습니다. 이를 사용 시간의 문제가 아닌 심리·행동적 중독 현상으로 바라보는 시각이 필요합니다.

뇌과학적 이해와 교육적 대응

스마트폰 중독 또는 과몰입은 '현저성(Salience)'이 증가하고, 사용 조절력이 점차 약화되면서 학업, 건강, 대인 관계 등 삶의 여러 영역에 부정적인 영향을 미치게 됩니다. 여기서 현저성이란 스마트폰 사용이 일상에서 가장 중요한 활동으로 부각되는 현상을 의미합니다. 청소년은 성인에 비해 자기조절 능력이 부족하기 때문에 이 현저성이 더 강하게 나타납니다.

스마트폰 중독은 알코올이나 니코틴 같은 물질 중독과 달리 '행위 중독'에 해당하지만, 뇌과학적으로는 유사한 메커니즘을 공유합니다. 도파민 분비, 보상회로의 반복적 자극, 자제력 약화 등은 뇌의 구조와 기능에 직접적인 영향을 미칩니다. 일부 뇌과학자들은 스마트폰이 뇌의 보상 시스템을 지속적으로 자극해 자기조절력을 약화시키는 '디지털 자극제'로 작용한다고 분석합니다.

숏폼 콘텐츠(릴스, 숏츠, 틱톡 등)의 확산이 청소년 중독 문제를 더욱 심화시키고 있습니다. 짧고 자극적인 영상은 도파민을 끊임없이 분비시키며, 사용자는 알고리즘이 제공하는 콘텐츠에 빠져들어 수 시간 동안 멈추지 못하는 상태에 이르게 됩니다. '잠깐만 보려고 했는데 새벽까지 이어졌다'는 경험은 흔한 일이 되었습니다. 특히 청소년은 충동성과 호기심이 강한 시기이므로, 절제력을 잃은 채 밤을 새우는 경우도 적지 않습니다.

이러한 숏폼 중독은 뇌의 보상 시스템을 반복적으로 자극해 충동 조절 능력을 약화시키는 생물학적 중독 현상으로 이해해야 합니다. 2025년 유네스코한국위원회 보고서에서도 "화면 노출 시간이 자기통제력과 정서적 안정에 부정적인 영향을 미칠 수 있다"고 지적하며, 단순한 규제보다 자기조절력과 미디어 리터러시를 키우는 교육이 필요하다고 강조했습니다.[6]

미디어를 완전히 배제할 수 없는 시대인 만큼, 굳이 봐야 한다면 자신의 생각을 성숙시키고 배움을 얻을 수 있는 콘텐츠를 선택하는 것이 중요합니다. 우리는 미디어 중독자가 아니라, 미디어 리터러시를 갖춘 사용자로 성장해야 합니다. 미디어를 비판적으로 바라보고, 선택적으로 소비하며, 실천력을 갖춘 '디지털 시민'으로 나아가는 것이 핵심입니다.

욕망의 기계로 전락하다

철학자 질 들뢰즈(Gilles Deleuze)는 통제 사회 속에서 인간이 '욕망의 기계'로 전락하고 있다고 말했습니다. 이는 역설적으로 더 이상 스스로 욕망하지 않고, 시스템이 설계한 욕망을 반복적으로 수행하는 존재가 되었음을 의미합니다. 스마트폰과 알고리즘 기반의 콘텐츠는 이러한 시스템의 대표적인 예로 사용자의 관심과 욕망을 끊임없이 유도하고 재생산합니다.

포스트모던 시대에 들어서며 사람들은 전체주의적 질서에서 벗어나 개인의 자유와 다양성을 추구하기 시작했습니다. 거대 담론과 획일적 이데올로기를 거부하고, 자극과 쾌락 중심의 삶으로 이동했습니다.

그러나 그 자유는 자본주의 소비 시스템 안에서 '결핍을 소비로 채우는 방식'으로 구현되었고, 결국 우리는 소비자이자 콘텐츠 중독자로 살아가게 되었습니다. 스마트폰은 그 변화의 중심에 있으며 우리 일상과 정체성 형성에 깊이 관여하고 있습니다.

정치철학자 한나 아렌트(Hannah Arendt)는 일찍이 '사유의 부재'를 경고했습니다. 인간의 활동을 노동, 작업, 행위로 구분하며 사유 없는 삶이 인간성을 위협한다고 보았습니다. 오늘날 우리는 쉴 새 없이 밀려드는 업무, 뉴스, SNS, 숏폼 콘텐츠에 시달리며 깊이 생각할 여유를 잃어 가고 있습니다. 사람은 '사색'하지 않으면 '검색'하며 살아가게 됩니다. 책을 읽고 사람을 만나 토론하는 이들은 사유할 수 있지만, 도파민 자극에만 몰두하는 이들은 검색만 하다가 생을 마감할지도 모릅니다.

정신분석학자 자크 라캉(Jacques Lacan)은 "인간은 타자의 욕망을 욕망한다"고 말했습니다. 우리는 본능적으로 욕망하는 것이 아니라 타자가 욕망하는 것을 보고 그것을 욕망하게 되는 존재입니다. 여기서 타자는 친구일 수도, 연예인일 수도, 미디어 속 낯선 인물일 수도 있습니다. 스마트폰 속 콘텐츠는 바로 이 '타자의 욕망'을 끊임없이 설계하고 유도하는 현대의 통제 장치가 되었습니다.

결국 자신의 욕망을 살아가는 것이 아니라 타인의 욕망을 따라 살아가는 존재가 되어 가고 있습니다. 진정한 자유는 스마트폰을 끄는 데서 시작될지도 모릅니다. 욕망을 되찾고, 사유를 회복하며, 타자의 시선이 아닌 나의 내면에서 삶의 방향을 설정하는 것, 그것이 디지털 시대의 철학적 과제가 아닐까요.

인간 존재 근거는 사유

프랑스 철학자 르네 데카르트(René Descartes)는 "나는 생각한다. 고로 존재한다(Cogito, ergo sum)"라는 명제를 통해 인간 존재의 근거를 '사유'에 두었습니다. 그러나 현대의 많은 사람은 사유보다 '노출'과 '반응'에 더 깊이 존재를 의탁하고 있습니다.

"나는 존재한다. 고로 보여야 한다"라는 현대적 패러디는 단순한 풍자가 아니라 디지털 시대 인간의 실존 방식을 날카롭게 드러냅니다. SNS는 자아를 구성하는 핵심 장치가 되었고, 그 안에서 '좋아요'와 팔로워 수를 욕망하며, 순수한 나보다 사람들이 원하는 나를 연출합니다. 이는 청소년만의 문제가 아닙니다. 기성세대 역시 SNS 속에서 자아를 꾸미고, 타인의 반응을 갈망합니다.

어떤 여성이 인스타그램에 산 물건을 게시하기 시작했습니다. 주변의 뜨거운 관심과 호응에 힘입어 점점 더 비싸고 화려한 옷을 구매하게 되었고, 결국 카드 빚과 대출에 시달리며 현실의 삶을 감당하지 못하게 되었습니다. 이 사례는 SNS가 단순한 소통의 도구를 넘어 자아를 연출하고 존재를 증명하는 무대로 기능하고 있음을 보여 줍니다.

프랑스 철학자 장 보드리야르(Jean Baudrillard)는 이러한 현상을 '시뮬라크르의 시대'라 명명했습니다. 시뮬라크르는 원본 없는 복제물이며, 현실을 모방한 이미지가 현실 자체를 대체하는 현상입니다. 우리가 더 이상 현실 속에 존재하지 않고 하이퍼리얼리티(Hyperreality), 즉 현실보다 더 현실 같은 이미지의 세계 속에서 살아가고 있다고 경고했습니다.

스마트폰과 SNS는 이 하이퍼리얼리티를 구현하는 대표적 장치입니다. 이들은 거울처럼 나를 비추는 것이 아니라, 필터링되고 연출된 '또 다른 나'를 생성합니다. 이 이미지들은 실제보다 더 매끄럽고, 더 많은 반응을 유도하며, 더 사랑받을 수 있는 것처럼 보이게 만듭니다.

결국 이 하이퍼리얼리티 자아는 실존하는 자아를 점차 밀어냅니다. 사람들은 현실의 나보다 온라인 속 '이미지로서의 나'에 더 몰입하게 되며, 그 이미지에 부합하기 위해 현실의 나를 조정하고 연기하기 시작합니다. 이 지점에서 우리는 반드시 물어야합니다.

"스마트폰을 보고 있는 내가 진짜인가, 스마트폰 속에 보여지는 내가 진짜인가?"

현대의 자아는 해체되고, 존재는 퍼포먼스로 전환되어 갑니다. '사는 것'이 아니라 '보여 주는 것'이 존재의 방식이 되는 시대가 도래한 것입니다. 보드리야르는 말합니다. "우리는 진짜를 원하지 않는다. 진짜를 시뮬레이션한 것이 더 편안하고 안전하기 때문이다."

그러나 그 편안함의 대가는 자아의 분열입니다. 현실의 모습과 SNS 속 이미지가 분리될수록 더 많은 시간을 스크린에 붙들린 채 자기 자신을 소비하고, 타자의 욕망을 욕망하며, 점점 더 깊은 중독으로 빠져듭니다. SNS는 더 이상 단순한 플랫폼이 아님니다. 그것은 자아를 연출하고, 존재를 증명하며, 삶을 소비하는 무대입니다.

다시 묻지 않을 수 없습니다. "나는 누구인가? 보여지는 나와 살아가는 나는 어떻게 다른가? 그리고 나는 진짜 나로 살아갈 용기가 있는가?"

스마트폰 번아웃 현상

청소년의 일상은 스마트폰과 밀접하게 연결되어 있습니다. 2025년 여성가족부의 '청소년 미디어 이용 습관 진단 조사'에 따르면 청소년의 17.3%가 스마트폰 과의존 위험군에 속하며, 수면 부족과 정서 불안, 학업 집중력 저하 등의 부작용을 경험하고 있습니다. 스마트폰은 이제 단순한 생활 기기를 넘어 심리적 안정과 자아의 일부처럼 기능하고 있습니다.

더 우려되는 점은 '스마트폰 번아웃'이라 불리는 현상입니다. 청소년 3명 중 1명 이상이 장시간 스마트폰 사용 후 우울감이나 무기력감을 호소하고 있습니다. 이는 단순한 피로가 아니라 '디지털 피로(Digital fatigue)'와 '주의력 고갈(Attentional depletion)'로 인한 정신적 소진 상태로 해석됩니다.

청소년에게 SNS는 단순한 소통 수단을 넘어 자아 표현과 사회적 관계 형성의 중심 플랫폼으로 자리 잡았습니다. 그러나 사용 방식과 빈도에 따라 중독의 위험성과 심리적 부작용이 동반

됩니다. SNS 중독은 사용자 의도와 무관하게 통제력 상실과 심리적 의존을 유발하며, 그 징후는 다양합니다. 과도한 시간 소비, 사생활의 무분별한 노출, 즉각적인 반응에 대한 집착 등이 대표적입니다.

예를 들어 고등학교 2학년 민수는 친구들과 찍은 사진을 인스타그램에 올리며 "좋아요 100개 넘으면 숙제 시작할게요!"라고 적었습니다. 이후 2~3시간 동안 앱을 반복적으로 확인하며 '좋아요' 수를 체크하고 댓글에 일일이 답했습니다. 결국 숙제는 자정이 넘어서야 시작되었습니다.

이러한 사례는 특정 개인만의 문제가 아닙니다. SNS에 과도한 시간을 소비하는 청소년에게 공통적으로 나타나는 현상입니다. 사적인 생활과 민감한 정보까지 무분별하게 공유하면서 온라인과 오프라인의 경계가 흐려지고 있습니다.

SNS를 자주 사용하는 청소년은 타인의 반응을 통해 자신의 사회적 위상을 측정하고 자존감을 형성합니다. 현실에서의 소외감이나 자존감 부족을 SNS상의 인정과 관심으로 보상하려는 경향이 강해지는 것입니다. 이 현상은 초기에 습관처럼 시작되지만 반복될수록 중독 성향으로 강화됩니다. 물론 SNS를 개인적 기록이나 표현의 장으로 인식한다면 심리적 부담이나 통제력 상실이 덜할 수 있습니다.

결국 중요한 것은 SNS를 어떻게 바라보고, 어떻게 사용할 것인가에 대한 인식입니다. 청소년의 스마트폰 중독은 개인만의 문제가 아닙니다. 이는 사회적 구조와 기술 환경이 만들어 낸 복합적인 현상입니다. 따라서 단순한 사용 제한보다 건강한 디지털 리터러시 교육과 자존감 형성이 병행되어야 합니다. 스마트폰에 갇힌 청소년이 다시 현실과 연결될 수 있도록, 더 깊은 관심과 실질적인 대안을 마련해야 합니다.

적나라한 일상 공개

SNS를 사용하는 청소년 중 일부는 자신의 일상을 적나라하게 공개하며, 꾸밈없는 모습을 드러내려는 경향을 보입니다. 이러한 행동은 단순한 충동이 아니라 다양한 심리적 동기에 기반한 표현 방식으로 이해할 수 있습니다. 대표적인 요인은 다음과 같습니다.

■ **솔직한 표현 욕구** : 타인의 시선보다 자신의 진솔한 감정과 현실을 공유하고자 하는 의도입니다. 이는 자기 정체성을 있는 그대로 드러내려는 자율적 태도에서 비롯되며, '꾸밈없는 나'를 보여 주고자 하는 욕구가 반영됩니다.

■ **자연스러운 소통 추구** : 꾸밈없이 소통하며 공감을 이끌어 내고자 하는 사회적 감성입니다. '진짜 나'로서의 존재감을 강조하려는 욕구가 강하게 작용하며, 이는 또래 관계에서의 친밀감 형

성과도 연결됩니다.

- **자기 확신과 자신감** : 타인의 평가에 의존하지 않고 자신을 긍정적으로 받아들이는 태도에서 비롯된 표현 방식입니다. 이러한 청소년은 SNS를 자아 표현의 도구로 활용하며, 외부 반응에 흔들리지 않는 자기 인식을 갖추려는 경향이 있습니다.

- **가족적 배경의 영향** : 개그나 유머를 중시하는 분위기, 솔직한 대화가 허용되는 가정 환경에서 자란 경우, 이러한 표현 방식이 자연스럽게 체화되었을 가능성이 있습니다. 가정 내 소통 방식은 청소년의 디지털 표현에도 큰 영향을 미칩니다.

이처럼 적나라한 기록은 건강한 자기표현의 수단이 될 수 있습니다. 그러나 때로는 '과한 노출'로 비쳐질 위험도 존재합니다. 특히 타인의 평가에 지나치게 민감하거나, SNS 반응에 의존해 자존감을 형성하는 경우에는 '인정 중독'으로 연결될 수 있어 주의가 필요합니다.

SNS는 중독성과 표현의 자유 사이에서 복합적인 기능을 수행합니다. 단순히 사용 시간이나 콘텐츠 노출 정도만으로 중독 여부를 판단할 수는 없습니다. 사용자의 심리와 행동을 깊이 이해할 때, 중독 여부를 제대로 파악할 수 있습니다. 그 내면의 동기와 감정 상태, 그리고 자아 정체성과 연결되는 표현 방식까지 함께 고려해야 합니다.

건강한 SNS 사용을 위해서는 다음과 같은 요소가 중요합니다.

- 자기 인식: 내가 왜 이 콘텐츠를 올리는지, 어떤 감정이 작용하는지를 인식하는 능력
- 절제력: 반응에 대한 집착을 줄이고, 사용 시간을 조절하는 습관
- 균형 있는 관계 맺기: 온라인과 오프라인 관계를 조화롭게 유지하며, 타인의 시선에 휘둘리지 않는 자아 확립

디지털 시대의 청소년은 표현의 자유를 누릴 권리가 있지만, 그 자유가 자아를 해치지 않도록 돕는 교육과 환경이 함께 마련되어야 합니다.

충동성과 인정 욕구

페이스북 초창기에는 '좋아요'를 구걸하는 게시물이 유행했습니다.

"좋아요가 10만 개 달리면 쥐를 산 채로 먹겠다."

"좋아요 10만 개가 달리면 두 다리 위로 차 바퀴를 지나가게 하겠다."

이런 식의 자극적인 콘텐츠는 관심을 끌기 위한 극단적 퍼포먼스로 확산되었습니다. 이는 SNS가 단순한 소통 수단을 넘어

자극과 반응 중심의 플랫폼으로 기능하고 있음을 보여 줍니다.

더구나 청소년이 사용하는 SNS는 페이스북, 인스타그램을 넘어 스레드(Threads), 틱톡(TikTok), 디스코드(Discord) 등으로 다양화되었습니다. 또 앞으로 계속 늘어날 것입니다. 각 플랫폼은 고유한 소통 방식과 반응 구조를 갖고 있으며 이는 청소년의 자아 형성, 감정 조절, 사회적 관계에 서로 다른 영향을 미칩니다. 특히 숏폼 중심의 플랫폼은 짧고 강한 자극을 반복적으로 제공하며, 주의력 고갈과 충동성 증가를 유발할 수 있습니다.

SNS를 과다 사용할 경우 청소년의 충동 조절 기능은 약화됩니다. 하루 20회 이상 SNS를 사용하는 청소년은 편도체의 활동이 현저히 증가하는 것으로 나타났습니다. 편도체는 감정 자극과 관련된 뇌 부위로, 과도하게 활성화되면 예민함과 충동성이 증가합니다. 이는 청소년이 감정 조절과 판단 기능에서 어려움을 겪게 되는 원인이 될 수 있습니다.

또한 전두엽 기능이 약화되면 계획력과 절제력이 저하되며, 이는 도박 중독과 유사한 뇌 활동 패턴으로 이어질 수 있습니다. 따라서 성장기 청소년에게는 SNS 사용에 대한 자기통제 훈련이 절대적으로 필요합니다.

SNS는 '좋아요', 댓글 같은 즉각적인 반응을 통해 도파민을 분비시키며 뇌의 보상 체계를 자극합니다. 특히 청소년 시기는 타인의 인정에 민감한 시기이므로, 반복되는 SNS 사용은 강한 심리적 의존을 불러오고 이로 인해 현실보다 온라인상의 이미지에 집착하게 됩니다. 이는 상대적 박탈감, 자존감 저하, 불안, 우울로 이어질 수 있으며, 실제로 청소년 SNS 중독 사례 중 상당수가 불면, 우울증, 공황 장애로 이어진 것으로 확인되고 있습니다.

청소년의 SNS 의존과 현실 회피 경향을 살펴보면, 중독된 청소년은 메시지를 확인하지 않으면 불안해하고 밤새 접속하느라 학교에 결석하는 경우도 발생합니다. 스트레스 해소 수단으로 SNS를 사용하는 경향이 강해지며, 이는 현실 회피와 의사소통 능력 저하로 이어집니다. 일부 청소년은 SNS를 통해 성적 메시지나 폭력적 콘텐츠에 노출되며, 자극에 대한 무분별한 반응을 보이기도 합니다. 이는 타인의 고통에 대한 공감 능력 저하 및 행동 조절력 약화를 초래할 수 있습니다.

이렇듯 SNS는 그 사용 방식에 따라 청소년의 뇌와 정신 건강에 심각한 영향을 줄 수 있는 도구입니다. 특히 청소년은 충동성과 인정 욕구가 극대화되는 시기이므로, SNS에 과도하게 노출될수록 뇌 구조의 왜곡과 중독 가능성이 높아집니다. 청소년의 뇌를 지키는 것은 곧 미래를 지키는 일입니다.

4. 도파민과 뇌의 보상회로

스마트폰이 다른 무엇보다 치명적인 이유는, 그것이 한 몸처럼 붙어 다니며 일상과 뇌에 지속적인 영향을 끼친다는 데 있습니다. 반복적인 스마트폰 사용은 단순한 재미나 만족감을 넘어 뇌의 보상 시스템 자체를 변화시키며 중독적 순환 구조를 만들어 냅니다. 그 중심에는 도파민(Dopamine)이라는 신경전달물질이 있습니다. 도파민은 쾌락, 보상, 동기부여에 관여하며 뇌의 보상회로를 자극합니다.

스마트폰을 사용할 때 SNS 알림 메시지가 도착하거나, '좋아요' 숫자가 증가하거나, 새로운 영상 콘텐츠를 시청하면 뇌는 즉각적인 보상 자극을 받습니다. 이때 뇌는 좋은 일이 일어났다고 인식하며 도파민을 분비합니다.

도파민은 복측피개부(Ventral tegmental area)에서 생성되어, 측좌피개핵(Nucleus accumbens)과 전전두엽(Prefrontal cortex) 등 보상회로의 핵심 부위로 전달됩니다. 이 경로는 흔히 쾌감 회로(Reward circuit)로 불리며 원래는 음식 섭취, 사회적 관계 형성 등 생존에 필요한 행동을 강화하기 위한 메커니즘입니다. 그러나 스마트폰은 이 회로를 짧고 반복적이며 인위적인 방식으로 지속적으로 자극합니다.

이 현상을 설명하는 대표적인 실험이 1954년 캐나다 맥길대

학교의 제임스 올드(James Olds)와 피터 밀너(Peter Milner)가 수행한 쥐 실험입니다. 두 심리학자는 쥐의 뇌에 전극을 심고, 레버를 누르면 측좌핵이 자극되도록 설정했습니다. 실험 공간의 한쪽에는 음식, 다른 쪽에는 뇌 자극 장치를 배치했지만, 쥐는 먹는 것도 잠자는 것도 포기한 채 레버만 반복적으로 눌렀습니다. 결국 쥐는 탈진해 죽었고, 눌린 횟수는 무려 7천 번에 달했습니다.

이 실험은 도파민이 쾌락의 전달자가 아니라 '보상에 대한 갈망(Wanting)'을 자극하는 물질이라는 사실을 시사합니다. 스마트폰은 바로 이 갈망을 끊임없이 자극하며 사용자가 멈추지 못하도록 만듭니다. 특히 청소년은 뇌 발달이 완성되지 않은 시기이기 때문에, 이러한 자극에 더욱 취약하며 자기조절력과 판단력 저하로 이어질 수 있습니다.

스마트폰 중독은 뇌의 구조와 기능을 변화시키는 생물학적 현상입니다.[7] 이를 이해하는 것은 건강한 디지털 습관과 자기 인식 훈련을 설계하는 데 필수적인 출발점입니다.

도파민 내성에 따른 변화

다양한 중독 요인인 스마트폰, SNS, 숏폼 콘텐츠 등은 모두 도파민 회로를 자극하는 방식으로 작동합니다. 알림, '좋아요', 리워드 시스템은 즉각적인 보상뿐 아니라, 보상의 가능성에 대한 기대를 증폭시키며 사용자를 점점 더 깊은 중독 상태로 끌어

들입니다. 이처럼 중독은 단순한 유전적 소인이 아니라 어떤 환경에서 무엇을 갈망하며 살아가는가에 대한 문제입니다.

도파민 내성(Dopamine tolerance)이 생긴 뇌는 이전보다 더 강한 자극을 끊임없이 요구하게 됩니다. 도파민 내성은 자주, 오랜 시간 반복적인 자극이 이루어질 때 뇌의 도파민 수용체가 둔감해지고, 동일한 자극에 대해 이전만큼의 쾌감을 느끼지 못하는 상태를 말합니다.

이 현상은 약물 중독과 유사하게 작동합니다. 뇌는 더 강력한 자극을 원하며 더 자주, 더 오랜 시간의 사용을 요구하게 됩니다. 그 결과 사용자는 스마트폰에 더 많은 시간을 쏟게 되고, 뇌는 점점 자극에 무감각한 상태로 변화합니다. 이러한 도파민 내성은 다음과 같은 세 가지 주요 변화를 유발합니다.

▪ **무관심과 무기력감의 증가** : 중독이 진행되면 일상적인 자극, 독서, 대화, 산책 등에서는 더 이상 도파민이 분비되지 않습니다. 현실의 모든 활동이 지루하고 무의미하게 느껴지며, 결국 현실 자극에 대한 반응 자체가 차단됩니다.

고등학교 1학년 민정이는 예전엔 소설 읽기와 친구들과의 산책을 즐겼지만, 유튜브 숏츠와 틱톡에 익숙해진 이후로 책에 집중하지 못하고, 친구와의 대화도 지루하게 느껴졌습니다. "스마트폰만큼 재미있는 게 없어"라는 말을 자주 하며, 쉬는 날이면 하루 종일 누워 스마트폰을 보며 무기력한 시간을 보내게 되었습니다.

■ **집중력 저하와 자책감** : 스마트폰의 빠른 전환 자극에 길들여진 뇌는 지속적인 주의 집중 능력을 상실합니다. 이는 학업 능력, 사고의 깊이, 감정 조절력 전반에 악영향을 미칩니다.

중학교 3학년 준호는 온라인 수업에 집중하지 못하고, 자꾸 다른 탭을 열어 웹툰이나 게임을 했습니다. 시험공부도 10분을 넘기지 못했고, 스마트폰 알림에 주의를 빼앗기며 성적은 급격히 하락했습니다. 가족과의 관계도 멀어졌고, 자주 짜증을 내며 자책감에 시달렸습니다. 상담 중 그 아이는 이렇게 말했습니다.

"요즘은 아무것도 못하겠어요."

한 학부모는 중독 강의 후 이렇게 반응했습니다. 딸이 고등학교 1학년까지 전교 1등이었지만 고2부터 성적이 곤두박질치며 스마트폰에 빠져들었다고 합니다. 늦게나마 그 이유를 이해하게 되었다며 눈물로 고마움을 전했습니다.

자녀가 갑자기 방에서 나오지 않거나, 평소보다 피곤해하며 늦게 일어나거나, 성적이 급격히 떨어진다면 반드시 세 가지를 살펴봐야 합니다. 마음의 상처, 우울감, 그리고 중독 여부.

■ **현실 회피 경향** : 스마트폰 속 가상 공간에 몰입하게 되면, 인간관계는 물론 자신의 위치에서 도피하는 경향이 강화됩니다.

점점 현실 세계는 가상처럼, 가상 세계는 현실처럼 느껴지게 됩니다.

중학교 3학년 수현이는 친구들과 잘 어울리지 못했지만 게임 속에서는 리더 역할을 맡고 인기를 얻었습니다. 현실에서의 스트레스가 커질수록 게임 세계에 더 깊이 몰입했고, 가족과의 대화는 줄어들고 학교 수업도 자주 빠졌습니다. 상담실에서 그 아이가 말했습니다.

"현실은 힘든데 게임 속은 제가 통제할 수 있어서 좋아요."

청소년은 뇌 발달이 진행 중인 시기이므로 도파민 내성에 더욱 취약합니다. 중독을 예방하고 회복하기 위해서는 사용 제한을 넘어 자기 인식, 절제력, 그리고 현실과의 연결을 회복하는 실천이 필요합니다.

뇌는 회복할 수 있다!

도파민 내성이 점점 심화되면 청소년은 제때 이루어야 할 삶의 발달 과정을 제대로 마주하지 못하게 됩니다. 현실의 자극은 점점 무의미해지고, 감정과 행동은 무감각해지며, 삶은 피로와 무기력 속에 갇히게 됩니다.

그렇다면 도파민에 찌든 뇌는 회복될 수 있을까요? 그렇습니다. 뇌는 충분히 회복할 수 있습니다. 일정 기간 동안 스마트폰 사용을 줄이고, 운동, 음악 감상, 독서, 대인 관계 등 일상 활동을 통해 도파민을 천천히 분비시키는 것이 중요합니다.

이 방식은 뇌의 도파민 수용체 민감도를 서서히 회복시키며, 과잉 자극에 길들여진 뇌를 정상적인 반응 상태로 되돌리는 과정입니다. 이 전략은 뇌과학에서 도파민 디톡스(Dopamine detox)라는 이름으로 주목받았으며 중독 회복의 실천적 접근으로 자리 잡고 있습니다.[8]

스마트폰은 두뇌와 도파민 시스템을 지배하는 중독 장치가 될 수 있습니다. 이 중독 구조를 인식하지 못하면, 우리 아이들이 '자극 없는 현실'에서 무기력한 존재로 전락할 위험에 놓이게 됩니다.

스스로 물어야 합니다. "내 뇌는 지금 무엇에 반응하고 있는가?" 도파민 디톡스는 삶의 감각을 다시 현실과 연결하고, 자기 삶의 주체로 설 수 있도록 돕는 과정입니다.

5. 금단 증상, 노모포비아

스마트폰에 지나치게 의존하는 사람은 손에서 놓는 순간 금단 증상(Withdrawal symptom)이 찾아옵니다. 이러한 현상을 노모포비아(Nomophobia)라는 용어로 설명하는데 이는 'No mobile phone phobia'의 줄임말로, 스마트폰을 사용할 수 없는 상황에서 극심한 불안과 불편을 호소하는 심리 상태를 지칭합니다. 스마트폰 사용을 멈췄을 때 중독자에게 나타나는 불안, 초조, 집중력 저하, 짜증, 우울감, 불면, 신체 불편감 등은 뇌와 신경계가 보상 자극을 받지 못해 겪는 결핍 반응입니다.

중독 상태에서는 반복된 도파민 자극에 의해 뇌가 높은 수준의 자극을 기본값으로 학습합니다. 그러다 갑자기 스마트폰 자극이 사라지면 뇌는 도파민 결핍 상태로 전환되며, 그 결과 금단 반응이 나타납니다. 주요 금단 증상은 다음과 같이 분류할 수 있습니다.

- 심리 반응: 불안, 초조, 분노, 우울, 사회적 단절감
- 신체 반응: 두통, 손 떨림, 소화 장애, 불면, 식욕 저하 또는 폭식
- 인지 반응: 집중력 저하, 일시적 기억력 감퇴, 현실감 상실

이러한 반응은 약물 중독의 금단 현상과는 다르지만, 뇌의 도파민 회로와 스트레스 반응계(편도체, 시상하부-뇌하수체-부신축)가 활성화된다는 점에서 매우 유사한 양상을 보입니다.

이제 '얼마나 사용했는가'보다, 사용하지 못할 때 어떤 반응이 나타나는가를 살펴봐야 합니다. 스마트폰을 손에서 놓았을 때 불안과 초조가 밀려온다면, 그것은 이미 뇌가 자극에 의존하고

있다는 신호입니다.

끊을 수 없는 연결이다

스마트폰 중독을 가볍게 여기는 사람들이 많습니다. 하지만 실제로 강력한 금단 증상인 노모포비아는 스마트폰이 없을 때 극심한 불안과 불편을 호소하는 심리 상태로, 공황 장애나 분리 불안과 유사한 임상 양상을 띨 수 있습니다. 심지어 환각과 환청, 폭력적 행동까지 이어질 수 있습니다. 뇌의 도파민 회로와 스트레스 반응계가 결핍 상태에 빠지며 나타나는 생리적 반응입니다.

초등학교 5학년 지수의 사례는 이러한 중독의 위험성을 극명하게 보여 줍니다. 스마트폰 게임에 익숙했던 지수는 학원에 가라는 엄마의 말에 충동적으로 베란다에서 뛰어내렸습니다. 이는 금단 증상이 극단적 행동으로 이어진 사례이며, 중독이 과의존을 넘어 생명 위협으로 발전할 수 있음을 경고합니다.

이러한 중독 상태에서는 평소 얌전하던 아이가 갑자기 고함을 지르고 폭력성을 보이며, 부모나 친구가 알던 모습과 전혀 다른 행동을 보입니다. 이른바 '헐크화'된 아이는 자극이 차단된 현실을 견디지 못하고 감정 폭발을 일으키는 상태입니다. 특히 다음과 같은 상황에서 증상이 심화됩니다.

• 스마트폰 배터리가 부족하거나 꺼졌을 때

- 인터넷이나 와이파이가 연결되지 않을 때
- SNS나 메신저 알림이 오지 않을 때
- 자신이 '연결되지 않았다'는 느낌을 받을 때

심각할 경우 스마트폰이 손에 없는 상황을 견디지 못하며, 실제로 울리지 않은 진동을 느끼는 팬텀 진동 중후군(Phantom vibration syndrome)을 경험하기도 합니다. 이는 신체 감각 착각 현상으로, 뇌가 스마트폰 진동에 과도하게 민감해진 결과입니다.[9] 스마트폰 중독은 이제 정신 건강과 생존을 위협하는 사회적 질병으로 인식되어야 하며 예방과 회복을 위한 체계적인 대응이 필요합니다.

뇌에 보내는 경고 신호

평소 인간관계가 부족한 경우, 디지털 접속이 유일한 소통 수단이 되어 스마트폰 사용 중단의 금단 현상이 더욱 심화될 수 있습니다. 특히 우울이나 불안이 있는 사람은 스마트폰을 감정 회피 도구로 사용하는 경향이 있어 사용을 멈추면 감정적 반동이 더 크게 나타납니다.

청소년기는 뇌의 전전두엽이 아직 완전히 발달하지 않은 시기로, 자기조절 능력이 부족한 때입니다. 따라서 정서적 기복과 분노 조절 실패로 이어질 수 있습니다.

고등학생 이영이는 평소 모범적인 학생이었습니다. 오빠는 서울대학교에 진학했고, 이영이 역시 부모님의 말씀을 잘 따르던 아이였습니다. 그런데 어느 날부터 스마트폰을 손에서 놓지 않기 시작했습니다. 학교 가기를 꺼리고 집에 혼자 있는 시간이 늘어나면서 스마트폰 사용은 더욱 심해졌습니다. 결국 우울감이 깊게 자리 잡았고, 밖에 나가는 것도 꺼리게 되었습니다.

이영이 부모님은 이 상황을 받아들이기 어려워했습니다. 금단 증상이 심화된 이영이는 스마트폰을 절대 내려놓으려 하지 않았습니다. 왜 이런 일이 벌어진 것일까요? 그리고 회복을 위해 무엇을 할 수 있을까요? 회복을 위해서는 다음과 같은 접근이 필요합니다.

〈스마트폰 금단 증상 극복을 위한 실천 전략〉

- 금단 증상에 대해 인지하기: 지금 겪는 불안과 초조는 비정상이 아니라, 회복의 신호임을 이해해야 합니다.
- 단계적으로 감각 자극 줄이기: 스마트폰 없는 시간을 점진적으로 늘려 가며, 뇌가 자극 없이도 안정감을 느끼도록 디지털 디톡스를 실천합니다.
- 대체 활동 확보하기: 운동, 독서, 사람과의 대화, 창작 활동 등을 통해 자연스러운 도파민 분비를 유도합니다.

- 전문가 상담 병행하기: 증상이 심할 경우, 인지행동치료 (CBT)나 디지털 중독 전문 상담을 통해 치료적 개입이 필요합니다.

스마트폰은 인간을 더 가까이 연결시키기 위해 만들어졌지만, 그 연결이 끊겼을 때 나타나는 불안은 오히려 인간다움을 잃게 만드는 역설을 보여 줍니다. 금단 증상은 '지배당하고 있는 뇌'의 신호임을 인식해야 합니다.

악순환 예방을 위한 접근

신경과학적 연구에 따르면, 청소년기는 감정과 쾌락을 담당하는 뇌 영역(편도체, 측좌피개핵 등)은 성인 수준에 가깝게 발달해 있지만, 충동 조절과 계획, 판단을 담당하는 전두엽은 미성숙한 상태에 있습니다. 이로 인해 청소년은 강한 자극에 쉽게 끌리며 장기적 결과보다 단기적 쾌락을 우선시하는 경향이 높습니다.

이 특성은 다음과 같은 악순환을 유발합니다.

중독의 전이(Addiction transition)입니다.[10] 스마트폰 중독은 이후 게임, 알코올, 니코틴, 쇼핑, 도박 등 다른 중독 행동으로 이행될 가능성을 높입니다. 실제 연구에 따르면 청소년기에 경험한 스마트폰 중독은 다양한 중독 행위로의 전이 가능성을 높이는 요인으로 작용합니다.

또한 스마트폰 중독은 뇌의 보상회로를 비자연적 자극에 민감하게 학습시키며, 기본적인 욕구보다 강한 인위적 자극을 추구하도록 뇌를 재조정합니다. 그 결과 새로운 형태의 중독을 유발하거나, 복합 중독(Comorbid addiction)으로 이어질 위험이 커집니다.

이러한 위험에 대응하기 위해서는 청소년이 스스로 사용하는 목적과 습관을 성찰하고 조절할 수 있도록, 자기조절 중심의 교육이 필요합니다.[11] 단순히 기기 사용을 차단하는 것이 아니라 감정 조절 능력, 자기 인식 능력, 충동 억제 훈련이 병행되어야 합니다. 스마트폰은 분명 유익한 도구지만 미성숙한 뇌에게는 감당하기 어려운 강한 자극원이 될 수 있습니다.

왜 스마트폰을 놓을 수 없나?

Q1. 언제부터 자신의 일부처럼 느껴졌나요?

A. 스마트폰이 처음 내 손에 들어왔던 순간을 떠올려 봅니다. 통화 기능을 넘어 사진을 찍고, 음악을 듣고, 친구들과 실시간으로 소통할 수 있다는 사실은 새로운 감각 기관을 얻은 듯한 충격이었습니다. 그때부터 스마트폰은 나의 손을 연장하고, 눈을 확장하며, 기억을 저장하는 외장 뇌가 되었죠. 이제 스마트폰 없이 길을 찾기 어렵고, 친구와의 관계도 스마트폰을 통해 유지합니다. 심지어 감정 표현도 이 기기를 통해 이루어지죠. 그 과의존이 깊어질수록, 내 감각은 스마트폰에 묶이고, 자아는 점점 흐려집니다. 내가 스마트폰을 사용하는 것이 아니라 스마트폰이 나를 설계하고 있는 건 아닌지 되물어야 합니다.

Q2. 왜 내려놓기 어려운 걸까요?

A. 뇌가 이미 스마트폰에 길들여졌기 때문입니다. 스마트폰을 사용할 때마다 뇌는 도파민을 분비합니다. '기분 좋음'을 느끼게 하는 도파민은 신경전달물질인데, 반복적으로 자극을 받으면 내성이 생기고 더 강한 자극을 원하게 됩니

다. 불안할 때, 외로울 때, 지루할 때… 무의식적으로 스마트폰을 찾게 되는데 그 순간 감정을 달래 주고, 동시에 감정을 회피하게 만드는 덫이 됩니다. 한 고등학생은 이렇게 말했습니다. "폰을 안 보면 내가 사라지는 것 같아요." 이 말은 자아가 스마트폰에 흡수되고 있다는 신호입니다. 스마트폰 안에는 관계, 인정, 감정, 자극이 모두 담겨 있습니다. 그래서 폰을 내려놓는다는 건 내 감정과 마주하는 용기를 필요로 합니다.

Q3. 나의 시간 감각을 어떻게 바꾸어 놓았나요?

A. 스마트폰은 시간 감각을 즉시성 중심으로 재편했습니다. 메시지가 오면 바로 확인하고, 알림이 뜨면 즉각 반응합니다. 기다림 없이 소비하고, 생각하기 전에 행동합니다. 이런 반복은 뇌를 '지금 당장'에만 반응하는 구조로 바꿔 놓습니다. 하지만 인간의 사유는 시간의 여백에서 자라납니다. 스마트폰은 그 여백을 지워 버리고, 더 이상 기다리지 않고, 생각보다 먼저 반응하게 하죠. 한 청소년이 말했습니다. "알림이 안 오면 불안해요. 뭔가 놓친 것 같아서 계속 확인하게 돼요." 이 불안은 정보의 단절이 아니라 시간의 주권을 빼앗긴 감각입니다. 그래서 알림을 끄고, 응답을 늦추고, 정보의 흐름을 멈추는 연습을 해야 합니다. 기다림 속에서 생각하고, 느끼고, 성장할 수 있습니다.

Q4. 나를 바꾸고 있다는 걸 어떻게 알 수 있나요?

A. 하루의 시작과 끝이 스마트폰이라면, 이미 삶의 중심이 바뀐 것입니다. 눈을 뜨자마자 알림을 확인하고 잠들기 직전까지 화면을 들여다본다면, 나 자신

보다 외부 자극에 더 민감한 상태일 수 있습니다. 한 중학생은 이렇게 말했습니다. "아침에 눈 뜨면 알림부터 확인해요. 그게 습관이에요." 이건 스마트폰이 없어서 불편한 것이 아니라 정체성의 일부가 기술에 의존하고 있다는 신호입니다. 스마트폰이 나를 바꾸고 있다는 걸 알기 위해선, '나는 무엇에 반응하고, 무엇을 기다리는가'를 관찰해 보는 것이 중요합니다.

Q5. 이렇게 불안한 감정은 왜 생기나요?

A. 불안은 단절이 아니라 자기와의 연결이 끊긴 감각입니다. 스마트폰은 관계를 대신하고, 기억을 외주화합니다. 한 고등학생이 "폰이 꺼지면 내가 세상에서 사라지는 것 같아요"라고 말했습니다. 그 불안한 감정은 정보의 단절이 아니라 존재의 단절이라고 느껴졌던 겁니다. 스마트폰은 이미 자아를 구성하는 거울이 되어 버렸습니다. 스마트폰 없이 불안한 감정이 드는 건, 기술이 나를 대신 살아 주고 있었기 때문입니다. 그 불안은 신호일 수 있어요. 그 감각을 마주하는 순간, 진짜 나와 다시 연결될 준비를 하게 될 것입니다.

Q6. 자아 형성에 어떤 영향을 미칠까요?

A. SNS에서 자신을 꾸미고, 타인의 시선을 통해 존재를 검증받습니다. 스마트폰의 '좋아요'와 댓글은 존재의 증명 수단이 되고, 멋진 셀카는 내가 되고 싶은 자아의 선언이 됩니다. 그러나 필터와 편집은 진짜 나를 흐리게 만듭니다. 이미지 자아와 실제 자아 사이의 괴리를 키웁니다. 이렇게 만들어진 자아는 종종 현실의 나보다 더 정제되어 있습니다. 이미지로서의 나는 더 인정받고 싶

은 모습일 겁니다. 이른바 '이미지 자아'는 내가 바라는 이상적 자아이지만, 진짜 나의 감정과 모습은 점점 흐려질 수밖에 없습니다. 스마트폰을 사용하는 나를 바라보는 또 다른 나의 시선이 필요합니다.

Q7. 스마트폰을 사용하는 나, 진짜 나인가요?

A. 스마트폰을 사용하는 나는 분명 '나'입니다. 하지만 그게 온전한 나인지는 다시 물어봐야 합니다. 기술은 나를 확장시키기도 하지만 나를 가리기도 합니다. SNS 속 나는 멋지고, 반응을 잘 받고, 인정받는 모습일 수 있어요. 한 청소년이 말했습니다. "SNS 속 나는 되게 괜찮은 사람 같아요." 하지만 그 모습은 실제 자아와 달랐고, 그 괴리는 비교와 피로, 자기 부정을 낳고 있었습니다. "진짜 나로 살아가고 있는가?" 이 질문이 바로 내면의 자아와 다시 연결되는 순간이죠.

Q8. 스마트폰 없이 하루를 보내려면 어떻게 해야 하나요?

A. 디지털 프리존 설정이란, 디지털 기기 사용을 의도적으로 제한하거나 금지하여 디지털 자극에서 벗어난 환경을 말합니다. 개인과 가족, 공동체에게 긍정적인 변화를 가져오는 디지털 프리존은 집중력 회복, 정서적 안정, 가족 또는 공동체의 소통 회복 등을 목적으로 합니다. 스마트폰 과몰입으로 인한 스트레스, 수면 장애, 집중력 저하, 가족 간 소통 단절 등을 예방하고 회복하기 위함입니다. 침실, 식탁, 거실, 교회 소그룹실, 독서 공간 등 구성원 모두 동의하고 실천할 수 있는 규칙을 정하는 것이 필요합니다. '기기 금지'만이 아니라 삶의 질서를 회복하는 의식적인 선택입니다.

CHAPTER 2

디지털 범죄에
연루되는 방식

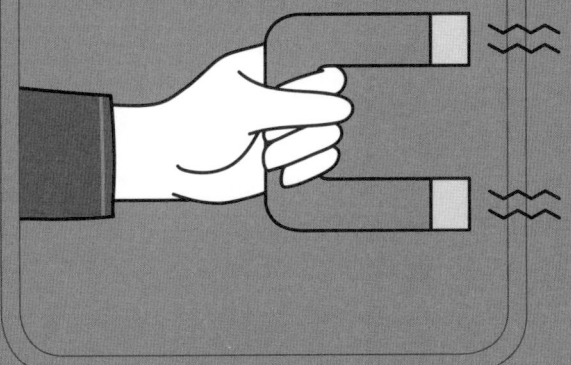

스마트폰은 아이에게 세상을 보여 주는 창이기도 하지만, 범죄가 스며드는 틈이기도 합니다. 스마트폰 성범죄, 도박, 사이버 폭력, 이 모든 위험은 손끝에서 시작될 수 있습니다. 그 경로를 추적하며 무엇을 알고 있어야 하는지 되물어 봅니다.

1. 스마트폰 성범죄, 밀양 사건의 교훈

스마트폰은 이제 아이들의 일상에서 떼려야 뗄 수 없는 존재가 되었습니다. 그러나 이 편리한 기기가 때로는 범죄의 통로가 되기도 합니다. 최근 인천의 한 아파트 단지에서 발생한 사건은 그 위험성을 여실히 보여 줍니다.

2024년, 초등학교 고학년 남학생 3명이 저학년 여학생에게 음란물 시청을 강요하고 신체 접촉을 시도한 것입니다. 피해자의 부모는 연수경찰서에 고소장을 제출했지만 초기에는 가해자가 중학생으로 기재되어 있었습니다.

경찰이 CCTV를 통해 조사한 결과, 가해자들이 초등학생임이 밝혀졌고, 이들은 만 10세 이상 14세 미만의 촉법소년으로 형사처벌 대상이 아니었습니다. 결국 법원 소년부에 송치되어 보호처분을 받는 데 그쳤습니다.

이 사건은 단순한 일탈이 아닙니다. 디지털 환경 속에서 자라나는 아이들이 얼마나 쉽게 유해 콘텐츠에 노출되고, 그로 인해 범죄에 연루될 수 있는지를 보여 주는 단면입니다.

여성가족부의 2023년 실태 조사에 따르면, 초등학생의 41.2%가 성인용 영상물을 시청한 경험이 있다고 응답했습니다. 이는 2018년 19.6%에서 꾸준히 증가해 온 수치로, 유해 콘텐츠에 대한 접근이 점점 더 쉬워지고 있음을 시사합니다. 전체 청소년 중 성인 영상물 이용 경험자는 48.3%에 달하며, 성폭력 피해 경험도 6.1%로 나타났습니다. 특히 '같은 학교 학생'이 가해자인 경우가 63.4%로 가장 많았고, '온라인에서 알게 된 사람'도 10.2%에 이르렀습니다.

이러한 현실은 20년 전 발생한 밀양 여중생 집단 성폭행 사건을 떠올리게 합니다. 당시 피해자는 채팅 앱에서 만난 남학생의 제안으로 밀양에 내려갔고, 이후 1년간 수십 명의 고등학생에게 반복적인 성폭행을 당했습니다. 가해자 수는 44명에서 많게는 80명 이상으로 추정되며, 대부분은 소년법에 따라 실형을 피했습니다. 반면 피해자는 언론에 신상이 노출되어 가족과 함께 이사를 해야 했고, 학교와 친구를 잃으며 평범한 일상으로 돌아가지 못했습니다.

이 사건은 스마트폰이 직접적인 범죄 도구는 아니었지만, 디지털 환경이 어떻게 범죄로 연결될 수 있는지를 보여 주는 대표적인 사례입니다. 또한 청소년이 왜곡된 성 인식을 가질 수 있는 위험성을 경고합니다. 스마트폰은 분명 편리한 도구입니다. 그러나 그 이면에는 유해 콘텐츠와 범죄의 그림자가 도사리고 있습니다. 청소년을 보호하기 위해서는 가정과 학교, 지역사회가 함께 나서야 하며 성인물 접근 차단, 성폭력 예방 교육, 상담 체계 강화 등 다각적인 대응이 절실합니다.

그냥 재미있는 영상이잖아요!

청소년들은 스마트폰을 통해 정보, 오락, 소통 등 다양한 활동을 경험합니다. 그러나 디지털 리터러시 교육의 부재와 성인지 감수성 부족이 결합되면, 스마트폰은 단순한 기기를 넘어 위험한 콘텐츠와 범죄의 통로가 될 수 있습니다.

청소년들은 성인 콘텐츠에 쉽게 접근할 수 있지만, 이를 비판적으로 해석하거나 위험을 인지하는 능력은 충분히 갖추지 못한 경우가 많습니다. 그 결과 디지털 과몰입과 성범죄 노출이라는 심각한 문제로 이어질 수 있습니다.

상담차 방문한 부산 가정법원에서, 청소년 사건을 주로 담당하는 한 판사님을 만났습니다. 한 달에 약 150건의 청소년 사건을 판결하고 있다는데, 놀랍게도 모든 사건이 스마트폰과 관련된 범죄라고 말했습니다. 스마트폰을 통해 우리 아이들에게 범죄의 손길이 닿고 있는 현실이었습니다. 그렇다면 스마트폰을 통해 아이들에게 노출되는 범죄에는 어떤 유형들이 있을까요?

중학교 1학년 준석이는 최근 학교에서 성적 농담을 자주 하며 친구들에게 음란물을 보여 주는 행동을 반복했습니다. 담임교사의 상담 요청으로 부모와 함께 상담센터를 방문한 준석이는, 자신이 본 영상이 "그냥 재미있는 영상"이라고 말했습니다.

상담 과정에서 밝혀진 내용을 살펴보면, 준석이는 하루 평균 6시간 이상 스마트폰을 사용하며 유튜브와 채팅 앱을 주로 이용하고 있었습니다. 성인지 감수성에 대한 인식은 거의 없었고, 성적 표현의 경계에 대한 이해도 부족했습니다. 부모는 준석이의 스마트폰 사용 실태를 정확히 파악하지 못하고 있었으며 콘텐츠에 대한 관리도 이루어지지 않았습니다.

준석이에게 디지털 콘텐츠의 영향력과 성적 표현의 경계에 대해 교육하고, 부모에게는 다음과 같은 실천 방안을 제시했습니다.

- 스마트폰 사용 시간 조절 및 콘텐츠 필터링 기능 설정
- 성교육 연계 프로그램 참여
- 자녀와 성에 대해 열린 대화를 나누기

이후 준석이는 학교에서 디지털 리터러시 교육을 받으며 성적 표현에 대한 인식이 점차 개선되었습니다.

가정은 아이의 디지털 생활을 가까이에서 지켜볼 수 있는 공간입니다. 부모는 함께 스마트폰을 관리해야 합니다. 하루 10분 정도 자녀와 함께 스마트폰 사용 내역을 점검하며 대화를 나누는 것이 필요하고, 성에 대해 '왜 그런 콘텐츠가 위험한지'를 알려주어야 합니다. 비판적 사고와 윤리적 판단 능력이 학습되어야 할 것입니다.

딥페이크, 상담실에서 시작된 진실

앞서 살펴본 스마트폰의 소통 기능뿐만 아니라 오늘날 발달된 디지털 기술 역시 범죄의 도구로 악용될 수 있습니다. SNS에서는 왜곡된 비교나 잘못된 정보가 그럴듯하게 가공되어 빠르게 확산되며, 심지어 AI 기술을 활용한 딥페이크 음란물 같은 신종 디지털 성범죄에 노출될 위험도 존재합니다.

중학교 2학년 현우는 평소 성적이 우수하고 특목고 진학을 준비하던 모범생이었습니다. 어느 날 그룹 과제를 위해 SNS 단체 대화방을 개설한 현우는 스마트폰으로 웹 서핑을 하던 중 성인 사이트의 배너 광고를 클릭하게 되었고, 딥페이크 영상 제작이 가능한 사이트로 연결되었습니다. 해당 기능에 흥미를 느낀 현우는 학교 선생님의 얼굴을 음란물에 합성한 뒤 단체 대화방에 배포했습니다. 친구들은 영상을 보며 "정말 똑같다", "신기하다"며 웃고 즐겼습니다.

하지만 이 사건은 곧 학교 측에 적발되었고, 교육청의 조사를 거쳐 법원으로 이첩되었습니다. 현우는 딥페이크 영상물 제작 및 유포에 따른 책임을 물어 강제 전학 처분을 받았으며 소년 법정에 회부되었습니다.

이처럼 딥페이크 범죄는 소셜 미디어에 익숙한 10대 청소년들 사이에서 피해 사례가 급증하고 있습니다. 학교 폭력의 수단으로 악용되는 경우도 늘고 있습니다. 실제로 딥페이크 피해 건수는 전년 대비 3배 이상 증가해 1,384건에 달했으며, 피해자의 92.6%가 10~20대에 집중되었습니다. 불법 촬영 및 유포 협박 피해자 역시 대부분이 청소년과 청년층이었습니다.

딥페이크 영상 제작은 명백한 성적 이미지 조작 범죄로, 피해자의 인격과 사생활을 심각하게 침해하는 중대한 범죄 행위입니다. 청소년이 이를 단순한 장난으로 접근하지 않도록 강도 높은 교육과 제도적 장치가 반드시 마련되어야 합니다. 딥페이크 기술은 결코 장난이 아닙니다. 기술은 갈수록 정교해지고 있으며, 이를 범죄에 활용할 경우 그 대가는 클 수밖에 없습니다.

정부는 청소년 딥페이크 집단 유포 사건에 대응하기 위해 '딥페이크 성범죄 전담 대응팀'을 구성하고, 긴급 상담 및 삭제 지원을 제공하고 있습니다. 텔레그램 등 플랫폼을 모니터링하며 성적 합성·편집물의 제작 및 유포에 대한 증거를 수집하고, 적극적으로 수사를 의뢰하고 있습니다. 정부가 삭제 지원에 나섰던 피

해 영상물 중 4건 가운데 1건은 피해자의 이름과 나이 등 개인정
보가 포함된 것으로 확인되었습니다.[12]

딥페이크를 이용한 디지털 성범죄는 10대 사이에서 '놀이 문
화'처럼 가볍게 여겨지기도 하지만, 실제로는 심각한 명예훼손과
사생활 침해로 이어지는 중대한 범죄입니다. 현재 법 개정, 전담
수사팀 운영, AI 기반 신고 시스템 등 제도적 대응이 이루어지고
있지만 청소년 대상 예방 교육, 피해자 심리 지원, 형사처벌 강화
등 보다 실질적인 보완책이 여전히 요구됩니다.

2024년 9월 26일, 국회 본회의에서는 딥페이크 성 착취물의
소지·시청만으로도 처벌할 수 있도록 하는 '성폭력 범죄 처벌 특
례법' 개정안이 통과되었습니다. 재석 의원 249명 중 찬성 241명,
반대 0명, 기권 8명으로 의결된 이 법안은 딥페이크 성 착취물을
소지·구입·저장·시청할 경우 3년 이하의 징역 또는 3천만 원 이하
의 벌금에 처할 수 있도록 규정하고 있습니다. 유포 목적이 입증
되지 않더라도 제작자 역시 처벌 대상이 됩니다.

디지털 공간, 놀이터는 안전하지 않다

스마트폰과 채팅 앱은 청소년에게 정보 탐색과 소통의 수단
이지만, 동시에 성 착취 범죄의 통로가 되기도 합니다. 특히 오픈
채팅, 랜덤 채팅 앱(즐톡, 앙톡 등)은 익명성과 접근성으로 인해 성
인을 만날 수 있는 구조를 만들며, 청소년의 취약성을 빠르게 파

고듭니다.

성적 자기결정권이 충분히 형성되지 않은 아동·청소년은 법적으로 성적 동의나 계약의 주체가 될 수 없습니다. 그럼에도 불구하고 비대면 플랫폼은 친밀감으로 위장된 접근을 통해 범죄로 이어지는 경우가 많습니다.

초등학교 6학년 지선이는 SNS에서 '조건'이라는 키워드로 검색한 성인 남성에게 연락을 받았습니다. 상대는 지선이가 "13살이에요"라고 밝혔음에도 "상품권 줄게"라며 노골적인 제안을 했고, 지선이는 약속 장소로 나갔습니다. 이 사건은 실제로 '아동·청소년의 성보호에 관한 법률' 위반으로 기소된 사례입니다. 성착취는 단순한 유혹이 아니라 명백한 범죄입니다.

또 다른 사례로, 중학교 2학년 지은이는 SNS 광고에서 "여학생 스타킹 삽니다. 1장당 2만 원"이라는 문구를 보고 호기심을 느꼈습니다. 돈이 필요했던 지은이는 단순한 거래라고 생각하고 사진을 보냈지만, 상대는 점점 더 노골적인 요구를 하며 얼굴 사진과 실명, 계좌번호까지 요구했습니다. 결국 협박에 시달린 지은이는 모든 요구에 응하게 되었고 심각한 심리적 충격을 겪었습니다.

또한 국내 채팅 플랫폼에서 '미자'(미성년자 은어)라는 단어를 검색하면 수많은 채팅방이 노출됩니다. 이들 방은 아동·청소년을 대상으로 한 조건 만남 유인 목적이 뚜렷하며, 프로필에는 얼굴을 가린 청소년 사진이 사용되고 있습니다. 입장을 시도하면 "대화 중이라 참여할 수 없습니다"라는 안내가 나올 정도로 활발히 운영되고 있으며, 이는 청소년이 성인과의 일대일 대화에 쉽게 노출되고 있다는 현실을 보여 줍니다.

한국여성인권진흥원에 따르면 2024년 디지털 성범죄 피해 지원 건수는 총 332,341건으로, 2023년(275,520건) 대비 약 20% 증가했습니다. 이 중 아동·청소년 성 착취 피해 지원은 5,133건에 달하며, 10대 피해자 비율은 전체의 약 27.8%로 집계되었습니다.[13]

디지털 성범죄는 단순한 금전적 손실이나 일회성 불쾌감에 그치지 않습니다. 장기적인 심리적 충격, 자존감 상실, 또래 관계 붕괴 등 회복이 어려운 상처로 남습니다. 피해자에게 "네가 조심했어야지"라고 말하는 것은 해결이 아닙니다. 청소년에게 필요한 것은 스스로를 지킬 능력이 아니라, 그들을 지켜 줄 제도적 울타리입니다. 아래는 그런 도움을 주는 대표 기관입니다.

- 여성긴급전화 1366: 365일 24시간 상담 가능
- 청소년 디지털 성범죄 피해 상담(@d4youth): 익명 일대일 채팅 상담 가능

2. 도박 중독, 어른의 문제만이 아니다

도박은 기성세대뿐만 아니라 청소년에게도 심각한 중독으로 나타나고 있습니다. 이렇게 도박이 만연하게 된 것은 스마트폰과 미디어 매체의 영향이 큽니다. 도박에 빠진 청소년이 진 빚은 평균 5백만 원에서 1천5백만 원이나 됩니다. 어디까지나 '평균적인' 빚이 그렇다는 말입니다.

그런데 실제로 제가 상담을 진행한 청소년은 하나같이 상황이 더 심각했습니다. 2천만 원 이하로 빚을 진 아이들은 거의 없었습니다. 대부분 2천만 원 이상 빚을 졌고, 심지어 5~7억 원이나 되는 빚을 진 아이도 있었습니다.

중독 상담가이자 목회자인 제게 도박 중독 상담을 받다가 소용이 없다고 판단했는지, 한 아이의 부모는 교회를 소개해 달라고 했습니다. 교인이 아닌 부모의 마음이 어떤지 짐작이 되었습니다. 하나님께라도 도움을 받고 싶었던 심정이었을 것입니다. 상황이 얼마나 심각한지 도박에 빠진 자녀에 대해 물었고, 상담을 받으러 오가는 중에도 도박을 했다는 사실에 놀랐습니다. 중독 상담소에 도착하기까지, 상담을 마치고 집으로 돌아가는 차 안에서도 도박을 했던 것입니다.

도박이 어른들만의 문제였던 시대는 이제 지나갔습니다. 청소년의 인터넷 이용률과 스마트폰 보급률이 급증하면서, 자녀의 도박 가능성이 급증하고 있습니다. 화면 터치 한 번이면 온라인을 통해 실시간 베팅 게임, 불법 스포츠토토, 홀덤펍 등 다양한 도박에 노출되기 쉬운 환경이 되어 버렸습니다.

청소년 도박 실태 조사

한국도박문제예방치유원이 2024년 10월부터 2개월간 전국 605개 초중고교에서 13,368명 학생을 대상으로 청소년 도박 실태 조사를 실시한 결과, 응답자 중 4.3%가 도박을 경험한 것으로 나타났습니다.[14] 전국 청소년 인구를 약 390만 명으로 볼 때, 대략 16만 7천 명이 도박에 노출되어 있다는 추산이 가능합니다.

특히 이들 중 19.1%는 6개월간 지속적으로 도박을 해 왔다고 응답했습니다. 이들이 경험한 도박은 복권, 온라인 카지노 게임, 온라인 화투, 스포츠 경기 베팅 등 현행법상 청소년 참여가 금지된 유형들로 구성되어 있습니다. 이는 청소년의 일상에 이미 불법 도박이 상당 수준 침투해 있음을 보여 줍니다.

도박을 지속한 청소년 중 48.4%는 타인 명의를 사용했고, 24.4%는 '대리 베팅'을 경험한 것으로 조사되었습니다. 대리 베팅은 본인의 계정이나 자금을 타인에게 맡겨 대신 베팅하게 하는 방식입니다. 초등학생 중 5.6%가 이러한 경험이 있다고 응답했는데, 중학생은 21.5%로 급증하는 양상을 보였습니다. 이는 연령이 높아질수록 도박 참여 방식이 더 은밀하고 조직화됨을 시사합니다.

지난해 11월 기준 도박 혐의로 검거된 청소년은 총 4,715명이며, 이는 전체 검거 인원의 47.3%에 해당합니다.[15] 단순 참여를 넘어 불법 도박 사이트의 개발, 운영, 홍보까지 가담한 사례도 포함되어 있습니다. 일부 청소년이 단순 호기심 차원을 넘어 심각한 범죄 구조 안으로 들어가고 있다는 것입니다.

흔들리는 아이들의 해결 방안

도박 중독으로 실제 진료를 받은 청소년은 2017년 49명에서 2021년 141명으로 약 3배 증가했습니다. 이는 예방 교육의 실효성, 조기 발견과 개입이 더 필요함을 강조하는 데이터입니다.

조사에 따르면 재학 중인 청소년의 82.4%가 학교에서 도박 문제 예방 교육을 받은 경험이 있다고 응답했습니다. 그러나 교육이 효과적이었다고 답한 비율은 초등학생 84.7%, 중학생 66.7%, 고등학생 59.2%로 학년이 올라갈수록 예방 교육의 체감 효과가 낮아진다는 것을 알 수 있습니다. 이는 학년별 예방 교육의 내용과 방식에 대한 재검토가 필요하다는 점을 시사합니다.

청소년의 80% 이상은 도박이 나쁘다고 인식하고 있지만 학년이 올라갈수록 도박이 재미를 주고, 스트레스를 해소하며, 또래와 어울릴 수 있는 수단이라는 생각을 가진 비율이 높아지는 것으로 나타났습니다. 이는 도덕 교육을 넘어 심리·사회적 접근이 병행되어야 함을 보여 줍니다. 조사에 참여한 청소년은 도박 문제를 해결하기 위한 방안으로 네 가지를 제안했습니다.

- 불법 도박 사이트 적발 시 즉시 차단
- 청소년 도박 단속 및 처벌 강화
- 도박 청소년에 대한 치유·재활 프로그램 확대
- 도박 가담 청소년 신고 절차에 대한 교육

제안을 보면 예방뿐 아니라 단속, 회복, 인식까지 아우르는 총체적 대응 시스템의 필요함을 알 수 있습니다. 이런 일을 더 이상 늦추어서는 안 됩니다. 오늘도 도박의 유혹에 흔들리고 있는 청소년들이 우리 주변에 있습니다.

3. 사이버 폭력, 소비자인가 피해자인가?

디지털 성범죄와 도박 중독만이 청소년의 위협은 아닙니다. 청소년은 스마트폰을 통해 수많은 자극과 유혹에 노출되어 있습니다. 그중에서도 특히 간과하기 쉬운 것이 바로 일상처럼 스며든 '사이버 폭력'입니다. 짧은 영상, 댓글, 게임, 채팅 속에 담긴 언어와 이미지들은 때로는 조용히, 그러나 깊게 아이들의 감정과 자존감을 흔들고 있습니다.

익명성이 부추긴다

초등학교 6학년 은지는 친구들과 함께 사진을 찍었습니다. 그 후 이상하게 편집된 자신의 모습이 SNS 단체 채팅방에 올라온 것을 보게 되었습니다. "너 진짜 못생겼다", "이건 좀 심하다 ㅋㅋ" 같은 댓글이 이어졌고, 자존감이 무너진 은지는 그 채팅방을 나오고 말았습니다.

그날 이후 친구들과 말하기도 싫어진 은지는 학교 수업이 끝나자마자 집으로 돌아왔습니다. 배가 아프다며 종종 결석하기도 했습니다. 그저 건강 문제려니 여겼던 부모도 은지의 상황이 걷잡을 수 없어지고 나서야 그 심각성을 깨닫게 되었습니다. 은지는 자신의 방에 틀어박힌 채 나오려 하지 않았고, 수시로 "차라리 휴대폰이 없었으면 좋겠어"라고 중얼거렸습니다.

이런 따돌림 사례가 갈수록 빈번하게 관찰되고 있습니다. 익명성이 보장되는 온라인 공간에서의 사이버 따돌림(Cyber bullying)이나 공격적인 혐오 표현은 아무런 여과 없이 일어나고 있어서 미성숙한 청소년에게 깊은 상처를 남기고 있습니다.

2025년 6월 22일, 서울 서초구 푸른나무재단 사무실에서 '2025 학교 폭력 실태 조사 결과 발표 및 제21대 대선 후보 정책 제안 기자회견'이 진행되었습니다. 이 실태 조사는 학교 폭력 예방 전문 기관인 푸른나무재단이 주관하여 진행했는데, 전체 학생 중 3.1%가 학교 폭력 피해를 입었다고 응답했습니다. 그중 사이버 폭력의 비율이 17%로, 언어폭력(28%)에 이어 두 번째 높은 수치였습니다. 이는 사이버 폭력이 기존의 물리적이고 언어적인 폭력을 넘어서는 주요 가해 방식으로 자리 잡고 있다는 것을 보여 줍니다.

사이버 폭력은 익명성과 접근이 쉬운 특성으로 피해 학생의 심리적 고통이 더 클 수 있습니다. 실제 학교 폭력 피해자의 64.3%가 외상 후 스트레스 장애(PTSD) 증상을 1개 이상 경험했다고 응답했습니다. 자살 및 자해 충동을 경험한 비율도 38%에 달했습니다. 기자회견에 참석한 피해자 가영이는 "시간이 지날수록 교실 안에서 제 존재가 점점 작아졌고, 결국 저 자신을 숨기며 은둔하듯 지내기 시작했습니다. 피해자들이 더 이상 숨어 지내지 않아도 되는 사회를 만들어 주세요"라고 호소했습니다.

이에 대해 푸른나무재단은 "사이버 폭력은 시공간의 제약이 없어 피해자에게 지속적인 위협이 되며, 피해 회복이 매우 어렵다"는 사실을 지적했습니다. 또한 "플랫폼 사업자가 삭제 요청, 경고 조치, 이용 제한 등의 대응을 신속히 이행할 수 있도록 법적 근거를 마련하고, 사이버 폭력을 포함한 학교 폭력 문제 해결을 위해 다음 대선 후보자들이 책임 있는 정책 논의에 적극적으로 나서야 함"을 강조했습니다.

제주특별자치도교육청은 2024년 4월 15일부터 한 달간 도내 초등학교 4학년부터 고등학교 3학년까지 재학생 5만 9,824명을 대상으로 제1차 학교 폭력 실태 조사를 실시했습니다. 온라인 방식으로 진행된 이 조사에는 전체의 81.4%에 해당하는 4만 8,670명이 참여했습니다. 조사 결과 전체 응답자 중 1,360명(2.8%)이 학교 폭력 피해 경험이 있다고 답했습니다. 이는 2020년 조사(723명)와 비교했을 때 약 2배에 달하는 수치이며, 2023년(1,435명)과 유사한 수준입니다.

2024년 조사가 특별한 점은 사이버 폭력 항목이 처음으로 독립되어 포함되었다는 사실입니다. 그에 따르면 사이버 폭력은 전체 피해 사례 중 181건(7.7%)을 차지했습니다. 이는 언어폭력(41.4%), 신체 폭력(15.4%), 집단 따돌림(15%)에 이어 네 번째로 높은 비율입니다. 사이버 폭력의 주요 유형은 다음과 같습니다.

- 사이버 언어폭력: 42.6%
- 사이버 명예훼손: 18.2%
- 사이버 따돌림: 14.5%

이는 SNS, 메신저 등 디지털 매체를 통한 정서적 폭력이 빠르게 확산되고 있음을 보여 줍니다. 특히 초등학생의 학교 폭력 피해 응답률이 5.6%(913명)로 가장 높아, 사이버 폭력이 저연령층까지 확산되고 있음을 알 수 있습니다.

학교 폭력 발생 장소는 학교 안(76.7%)이 학교 밖(23.3%)보다 많았습니다. 학교 밖 피해 장소로는 사이버 공간이 5.7%로 가장 높았으며, 이는 학원 및 그 주변(4.1%)보다 높은 수치입니다.

가해 이유에 대한 응답에서는 '장난이었다' 혹은 '특별한 이유가 없다'가 31.1%로 가장 많았습니다. 이어 '상대방이 먼저 괴롭혀서'(26.5%), '오해와 갈등 때문에'(13.4%), '상대방의 행동이 마음에 들지 않아서'(11.3%) 등의 순으로 나타났습니다. 이는 사이버 폭력역시 가해자가 폭력의 심각성을 인식하지 못한 채 가볍게 접근하고 있음을 보여 줍니다.

사이버 폭력은 단순한 갈등이 아니라 비대면의 공간에서 벌어지는 실질적 폭력입니다. 그 피해는 심리적으로 깊고 장기화되며, 가해자는 자신이 저지른 행위에 대해 책임감을 느끼기 어려운 구조입니다.

콘텐츠로 소비하는 폭력

폭력이 '콘텐츠'가 되었습니다. 청소년 사이에서 유행처럼 번지는 '다이 무비(Die movie)' 유형의 영상은 장난이라고 보기 어렵습니다. 디지털 폭력의 구조화된 양상이며, 청소년 문화 속에 깊숙이 침투한 폭력 미화 미디어입니다. 이들 콘텐츠는 조회 수와 팔로워 수를 통해 인기를 얻으며, 실제 폭행보다 '디지털 보상'에 집중하는 경향을 보입니다.

스마트폰과 SNS의 보급으로 폭력은 더 이상 은밀한 공간에서 벌어지지 않습니다. 언제든 촬영되고, 실시간으로 유포되며, 그 과정 자체가 하나의 '놀이'처럼 소비됩니다. 이로 인해 피해자는 단순한 신체적 고통을 넘어, 온라인에 노출된 굴욕감과 지속적인 따돌림이라는 이중의 트라우마를 겪게 됩니다.

디지털 윤리의 공백은 오늘날 교육의 과제입니다. 학교는 여전히 물리적 폭력에 대한 대응에 집중하고 있지만, 디지털 폭력은 훨씬 더 복잡하고 은밀하게 작동합니다. 영상 속 폭력은 유희로 소비되고, 가해자는 '인기인'으로 떠오르며, 피해자는 온라인 공간에서도 조롱과 낙인을 감당해야 합니다.

이러한 현실은 학교 내 디지털 윤리 교육의 절실함을 보여 줍니다. 청소년에게 '온라인도 현실과 동일한 책임이 따른다'는 인식을 심어 주는 것이 중요합니다. 폭력을 유희로 왜곡하는 문화에 대한 경각심을 키우고, 콘텐츠 생산과 소비에 대한 비판적 사고를 교육해야 합니다.

물론 청소년을 교육하는 것이 문제 해결의 전부는 아닙니다. 폭력 콘텐츠가 유통되는 경로는 대부분 SNS입니다. 따라서 플랫폼 기업의 책임성 강화는 필수적입니다. 폭력 콘텐츠 자동 탐지·차단 시스템, 유포 계정에 대한 강력한 제재 체계가 마련되어야 합니다. 아무런 제재 없이 콘텐츠가 확산된다면, 청소년은 아무런 위기의식 없이 폭력에 가담하게 될 것입니다.

또한 디지털 시대의 학교 폭력은 더 이상 개별 학교나 개인의 문제가 아닙니다. "한 아이를 키우려면 온 마을이 필요하다"라는 아프리카 속담처럼, 가정 학교 교육청 지역사회가 연계된 대응 체계를 구축해야 합니다. 학교 폭력은 그 민낯을 디지털 공간에서 드러내고 있으며 우리는 그 공간을 함께 바라보고, 함께 바꾸어야 합니다. 피해자 보호뿐 아니라 심리 상담과 사후 회복 프로그램, 가해자에 대한 인식 개선 교육이 함께 이루어져야 합니다.

디지털 시대의 교육은 단순한 기술 습득이 아니라 인간에 대한 이해와 책임 의식, 그리고 공동체적 감수성을 키우는 과정입니다. 부모는 자녀의 디지털 삶을 감시하는 존재가 아니라 함께 걸어가는 동반자여야 합니다. 자녀가 어떤 콘텐츠를 소비하고, 어떤 플랫폼에서 활동하는지에 대한 관심과 대화가 필요합니다. "무엇을 보았니?"보다 "어떻게 느꼈니?"라는 질문이 더 중요합니다.

스마트폰과 범죄의 경계에서

Q1. 디지털 성범죄는 왜 스마트폰을 통해 더 쉽게 발생하나요?

A. 스마트폰은 사적 공간이면서 동시에 공적 연결의 창입니다. 이런 갭 속에서 우리는 익명성을 이용해 어떤 이익, 쾌락을 추구하려고 합니다. 스마트폰 공간에서 마음만 먹으면 성적 대상화를 손쉽게 찾습니다. 그리고 그런 대상을 먹잇감이라고 생각하면 마구 유통시킵니다. 사진 한 장, 메시지 하나가 순식간에 퍼지고, 피해자는 통제권을 잃습니다. 디지털 성범죄는 기술의 문제가 아니라, 감시 없는 공간에서 윤리가 사라진 결과입니다.

리터러시는 '보는 힘'이 아니라 '멈추는 힘'입니다. 한 고등학생은 "장난처럼 보낸 사진이 이렇게 될 줄 몰랐어요"라고 말했습니다. 그 아이는 '가벼운 공유'가 타인의 고통이 될 수 있다는 사실을 처음 알게 되었습니다. 기술은 가볍지만, 그 결과는 무겁습니다.

Q2. 도박 중독은 왜 스마트폰에서 더 위험한가요?

A. 스마트폰 도박은 '손안의 카지노'입니다. 언제 어디서든 접속할 수 있고, 소

액으로 시작해도 반복적 보상 구조가 중독을 강화합니다. 스마트폰으로 수천, 수억을 잃는 다음 세대도 많습니다.

스마트폰 알고리즘은 사용자의 패턴을 분석해 더 자극적인 콘텐츠를 추천하고, 사용자는 점점 더 깊이 빠져듭니다. 문제는 중독이 일상 속에 스며들어 있다는 점입니다. 출근길, 점심시간, 잠들기 전까지 도박은 끊임없이 유혹합니다. 디지털 리터러시는 이러한 설계 구조를 인식하고, 자율적 사용을 위한 경계 설정을 가능하게 합니다.

Q3. 도박 앱에 빠지는 사람들은 왜 멈추지 못하나요?

A. 도박은 이겨야만 도파민이 나올 것 같은데요. 사실 잃어도 도파민이 나옵니다. 다시 딸 수 있다는 생각, 좀 더 잘하면 될 것 같습니다. 그런 생각, 시도, 그리고 기대감은 도파민을 더 자극합니다. 그래서 도박은 따도, 잃어도 멈출 수 없습니다. 이보다 더 짜릿한 맛을 느낄 곳을 찾기 쉽지 않습니다. 모든 중독이 다 이런 메커니즘입니다.

스마트폰은 거대 카지노를, 각종 중독의 모든 툴을 손안에 옮겨 놓았을 뿐입니다. 커피잔 속에 태풍이라고, 작은 스마트폰에서 판단력을 잃습니다. 자제력을 잃습니다. 회복하려고 하면, 이제 많은 것을 잃은 상황입니다. 무엇보다 이성적 판단이 더 이상 되지 않습니다. 한 성인 남자는 "잃어도 계속 눌러요. 언젠가는 될 것 같아서요. 때로 제가 왜 이렇게 사는지 모르겠어요"라고 말했습니다.

Q4. 사이버 폭력은 왜 콘텐츠와 함께 확산될까요?

A. 사이버 폭력은 단순한 말의 공격을 넘어서 이미지, 영상, 밈 등 콘텐츠를 통해 더 확산됩니다. 괴롭히고자 하는 사람을 시각화합니다. 사람들에게 공유하면서 더 조롱합니다. 피해자는 이런 괴롭힘에서 피해 나가지 못합니다. 마치 사냥감을 추적해 함정에 빠지게 하듯, 몰아붙입니다. 디지털 공간 전체에서 추적당합니다. 그런데 사람들은 스마트폰 속에서 이런 콘텐츠를 실시간으로 소비합니다. 즐깁니다. 방관하고, 나 몰라라 합니다.

그래서 콘텐츠의 윤리적 소비와 생산을 고민해야 합니다. 이게 미디어 리터러시입니다. '재미'라는 이름으로 타인을 해치는 콘텐츠에 무감각해지지 않도록, 감수성과 책임이 필요합니다.

Q5. 청소년은 왜 스마트폰 범죄에 더 쉽게 노출될까요?

A. 청소년은 자아 형성 중이며, 또래 관계에 민감합니다. 스마트폰은 이런 청소년들의 사회적 무대이자 정체성 실험의 공간입니다. 하지만 판단력은 아직 미성숙하고, 경계는 흐릿합니다. 그리하여 디지털 성범죄, 도박, 사이버 폭력에 연루되기도 합니다.

청소년들이 스마트폰 중독 그리고 범죄에 빠지는 큰 이유 중 하나는 호기심에서 판도라 상자를 열기 때문입니다. 호기심에서 술, 담배, 포르노, 도박을 해 봅니다.

디지털 리터러시는 단순한 기술 교육이 아니라 삶의 윤리와 감정 조절을 포함한 총체적 교육이어야 합니다. 청소년에게 스마트폰은 도구가 아니라 세계입니다. 그 세계를 안전하게 탐색하고, 걸을 수 있도록 가이드가 필요합니다.

Q6. 콘텐츠를 소비하는 것만으로도 범죄에 연루될 수 있나요?

A. 그렇습니다. 보는 행위도 참여이고 동참입니다. 예를 들어 강도 짓을 할 때, 망을 본 자를 우리는 선하거나 중립자로 보지 않습니다. 공범으로 봅니다. 음란물을 많이 시청하면 콘텐츠 생산자들은 이를 통해 이익을 얻기에, 더 많은 피해자를 만듭니다. 그렇기에 음란물을 보기만 해도 우리 주변에 피해자들은 더 양산되는 겁니다.

리터러시는 단순히 '보는 법'을 넘어서, '보지 않을 자유'를 선택하는 힘입니다. 윤리는 클릭 이전에 시작됩니다. 한 청소년은 "친구가 보내 준 영상이라 그냥 봤어요"라고 말했습니다. 그 영상은 불법 촬영물이었고, 그 아이는 유포자가 아닌 '소비자'로 연루되었습니다. 무심한 시선이 범죄의 일부가 될 수 있습니다.

CHAPTER 3

몸과 마음에 남긴 스마트폰 중독의 흔적

집중력이 흐려지고, 수면이 불규칙해지고, 감정 조절이 어려워집니다. 스마트폰은 단순한 기기가 아니라 아이의 뇌와 몸에 영향을 미치는 환경입니다. 장시간의 노출은 뇌 피로를 유발하고, 정서적 안정감을 흔들어 놓습니다. 부모와 교사가 놓치기 쉬운 신체·심리적 징후들, 과몰입이 남기는 그 흔적을 살펴봅니다.

1. 잠 못 드는 밤, 몸에 보내는 경고

중독예방본부의 최근 강의 현장에 400여 명의 중독 상담사 양성 과정 수강생들이 모였습니다. 그중 상당수는 석·박사 과정의 중독 전문가였는데, 이는 중독 예방에 대한 사회적 갈급함을 여실히 보여 줍니다. 스마트폰 중독은 단순한 개인의 습관 문제가 아니라 질병과 범죄라는 통합적 관점에서 접근해야 할 복합적 현상입니다.

특히 틱톡, 릴스, 숏츠 등 짧은 영상 플랫폼은 뇌의 보상 시스템을 자극하며 사용자의 몰입을 유도합니다. 그것이 과몰입, 중독으로 발전하면 자아존중감과 자기 인식의 약화를 가져오며, 결국 정신·신체적 건강에 악영향을 미칩니다. 수면 장애, 집중력 저하, 자아존중감 약화와 같은 증상들은 단순한 피로감이나 스트레스를 넘어 장기적으로는 우울증, 불안 장애, 사회적 고립으로 이어질 수 있습니다.

중독 예방의 첫걸음은 건강한 자기 인식입니다. 내가 어떤 상황에서 스마트폰을 찾는지, 어떤 감정일 때 과몰입하는지를 인식하는 것이 중요합니다. 또한 자아존중감은 중독에 대한 내성을 키우는 핵심 자산입니다. 중독 예방은 단순한 통제의 문제가 아니라 자아와의 관계를 회복하는 과정입니다. 스마트폰 중독을 예방하는 길은 결국 건강한 자아를 키우는 교육에서 시작됩니다.

정신적 폐해 넘어 신체 변형까지

최근 영국 데일리메일과 국내 언론에 보도된 머리떨굼 증후군(Dropped head syndrome, DHS) 사례는 디지털 시대의 경각심을 불러일으키고 있습니다. 특히 스마트폰 중독과 마약 사용이 이 희귀 질환의 유발 요인으로 지목되며 사회적, 의학적 관심이 집중되고 있습니다.

다양한 원인으로 목의 해부학적 구성 요소가 어떠한지에 따라 치명적인 전방 머리 상태(Forward head posture)를 유발하는 경추 질환인 머리떨굼 증후군은 중증 근무력증, 근위축성 측삭경화증, 파킨슨병, 방사선 치료가 주요 원인이고, 특히 스마트폰 중독에 따른 후유증으로 보이는 과도하게 누적된 변형이 포함됩니다. 특발성 사례도 보고되었습니다. 합병증 발생률이 높다는 사실을 나타냅니다.

이러한 충격적인 뉴스가 제가 활동하는 중독예방본부 단체 대화방에도 공유되었습니다. 목이 90도로 꺾인 채 고개를 들 수 없는 상태의 남성 이미지와 함께 기사의 헤드라인이 "마약 중독이 부른 비극, 목이 꺾이는 머리떨굼 증후군"이었습니다.[16]

이란 알자흐라 대학병원 의료진은 23세 남성 환자의 목 근육이 극도로 약화되어 스스로 머리를 지탱하지 못하는 상태라고 했으며, 본격적으로 목이 90도로 꺾이는 상태가 발현되기 전에도 점차 턱이 가슴에 닿을 정도로 고개가 굽어지는 증상이 있었다고 했습니다. 합병증으로 팔 저림, 마비, 따끔거림 등 다양한 감각 이상도 호소해 왔다고 합니다.

의료진의 조사 결과에 의하면 이 남성은 지속적인 우울증 치료제와 더불어 장기간 헤로인과 암페타민 등 중추신경계를 자극하는 마약을 복용한 이력이 있습니다. 이 중독자의 경우 마약 복용 이전에는 특별한 근골격계 이상이나 목 구조의 이상을 보이지 않았던 것으로 확인되었습니다.

이 사례를 공동 연구한 마지드 레즈바니(Majid Rezvani) 박사는 마약 투약 시 신경계에 영향을 주어 특정 자세를 장시간 유지하게 만들며, 이 습관이 수개월에 걸쳐 반복될 경우 근골격계에 구조적 변형을 초래한다고 발표했습니다. 이는 마약 중독이 정신적 폐해를 넘어 신체 구조 자체를 변형시키는 결과로 이어질 수 있다는 것입니다. 의료계는 이를 마약 남용과 근육성 희귀 질환 사이

의 연관성을 입증하는 중요한 임상 사례로 평가하고 있습니다.[17]

이것이 다만 마약 중독자에게만 일어나는 일일까요? 스마트폰과 미디어 중독이 가져올 치명적인 건강 이상, 즉 몸의 변형을 쉽게 연상하게 됩니다. 성장기 청소년에게 경추의 변형이 일어난다면 심각한 부작용을 초래할 것입니다. 개인의 신체 변형은 물론 정신 건강에 이르기까지, 또한 가족과 학교와 사회 전반에 미칠 영향은 광범위합니다.

도파민과 글루탐산이 나오면서

스마트폰 중독에 빠지면 줄어드는 것이 두 가지 있습니다. 체중과 수면입니다. 우선 잘 먹지 않아 체중이 줍니다. 대개 7kg 이상 체중이 줄어드는데 지방이 빠지는 것이 아니라 근육이 빠지는 것입니다. 또한 수면이 줄어듭니다. 중독 강연에서 청중을 향해 12시 전에 자는 사람이 있는지 물어보면, 참가자의 70~90%가 12시 이후에 잠에 든다고 합니다.

12시 이후 잠을 자는 사람 중 스마트폰을 안 보는 사람은 손 들어 보라고 하면 거의 대부분 손을 들지 않습니다. 90% 이상이 스마트폰을 만지기 때문에 잠을 자지 않습니다. 인간의 뇌를 활성화하는 물질은 도파민, 세로토닌, 아세틸콜린, 글루탐산 등이 있는데, 스마트폰을 만지작거리다 보면 행동을 유도하는 도파민과 신경을 흥분시키는 글루탐산이 나오면서 잠이 오지 않는 것입니다. 몸이 피곤해도 잠은 더 오지 않게 되고 더 미디어에 빠져들게 됩니다.

밤에 누워서 스마트폰을 보다가 떨어트려 본 사람이 있을 것입니다. 이 책의 독자 중에도 있을 것입니다. 왜 스마트폰을 떨어트릴까요? 스마트폰 과몰입 상태이기 때문입니다. 오른손으로 들고 보다가 팔이 아프면 왼손으로 들고 보다가, 다시 팔이 아프면 양손으로 잡고 봅니다. 너무 오래 보고 있어서 팔이 아픈 것인데, 중독 상태여서 떨어트리는 것인데 스스로 잘 인지하지 못합니다.

춘천의 중독 세미나에서 이 이야기를 하자, 한 대학생이 바로 어젯밤에 세 번이나 얼굴에 스마트폰을 떨어트렸다고 합니다. 중독 강의를 듣고서야 왜 그러는지 알게 되었다고 했습니다. 우리가 스마트폰을 떨어트리는 것을 '깜박 잠들었나 보다'라든가 '어쩌다 떨어진 거겠지'라고 생각하며 간과해서는 안 됩니다.

중학교 1학년 윤아는 자기 전에 SNS와 숏폼 영상을 2~3시간씩 보았습니다. 잠들 시간이 훨씬 지나서도 멈추지 못하고, 결국 새벽 3~4시가 되어 잠이 들었습니다. 당연히 다음 날 아침에 일어나기 힘들고, 학교에서도 졸음을 참지 못해 수업에 집중하지 못했습니다. 이렇게 늦게 자는 것이 습관이 되면 나중에는 수면장애뿐만 아니라 불면증을 앓기 쉽습니다. 자고 싶어도 잠을 잘 수가 없습니다. '5시에 자고 7시에 일어나 학교 가야지'라고 생각해도 잠을 잘 수 없습니다. 7시까지 뜬눈으로 있다가 학교에 가

곤 합니다.

블루라이트는 생체 리듬 교란

스마트폰에서 나오는 블루라이트는 멜라토닌 분비를 억제하여 생체 리듬을 방해합니다. 이로 인해 수면 부족, 불면증, 또는 낮과 밤이 바뀌는 현상이 나타납니다. 취침 전 4시간 이상 전자기기 화면을 보면 잠드는 시간이 평균 1시간 이상 지연된다는 연구 결과가 있을 정도로, 스마트폰 과몰입은 청소년의 수면 패턴을 교란시킵니다. 그리고 부족한 수면은 다시 주간의 집중력 저하와 성장 호르몬 분비 감소로 이어져 성장기 건강에 악영향을 줍니다. 따라서 스마트폰 중독은 전반적인 신체 건강을 해칠 위험이 있습니다. 그중 몇 가지만 살펴보면 다음과 같습니다.

■ **안구 건조와 시력 저하** : 디지털 화면을 장시간 응시할 경우 빛 반사로 인해 눈의 피로가 심화되고, 화면을 보는 동안 눈 깜빡임이 줄어들어 안구건조증과 시력 저하가 나타날 수 있습니다. 더욱이 작은 화면을 장시간 가까이 들여다보는 습관은 근시 악화를 부를 수 있습니다.

초등학교 5학년 지훈이는 스마트폰으로 웹툰을 하루 3시간 이상 봤습니다. 눈이 뻑뻑하고, 자주 깜빡거리지 않아 눈물이 말랐습니다. 최근에는 칠판 글씨가 잘 안 보여 안경 도수를 올렸습니다. 안과에서는 "깜빡임이 줄어 안구가 마르고, 가까운 화면을 오래 보면 근시가 더 빨리 진행될 수 있다"라고 말했습니다.

■ 비만 및 대사 증후군 : 과도한 미디어 소비는 신체 활동을 급격히 줄어들게 합니다. 거기에 더해 불규칙한 식습관과 간식 섭취를 증가시킴으로써 체중 증가와 대사 기능 악화를 초래합니다.

고등학교 1학년 수아는 방과 후 집에 오면 바로 누워 스마트폰으로 드라마를 보며 간식을 먹었습니다. 운동할 시간은 없다며 밤늦게까지 누워만 있었습니다. 어느 날 학교 건강검진에서 체지방률이 급격히 높아졌다는 결과를 받고 깜짝 놀랐습니다. 활동량 부족과 지속적인 간식 섭취가 대사 기능에 영향을 주고 있었습니다.

■ 거북목 증후군 : 스마트폰을 장시간 사용하면 고개를 숙인 자세로 오래 있기 때문에 거북목 증후군이나 목 디스크 위험도 증가합니다. 고개를 15~30도 숙이고 스마트폰을 사용하는 자세가 지속되면 목과 어깨 근육에 무리를 주고, 만성적인 통증을 유발합니다.

고등학교 3학년 다현이는 스마트폰으로 동영상 보는 걸 무척 좋아했습니다. 고개를 앞으로 빼고 목을 숙인 채 장시간 시청했습니다. 그러던 어느 날부터 다현이는 어깨 결림과 두통을 호소하기 시작했습니다. 너무 아파 엄마와 병원에 갔더니, 의사는 "목 뼈 곡선이 일자형으로 바뀌고 있다"라며 이것이 거북목 초기 증상이라고 했습니다.

■ **손목터널 증후군** : 스마트폰이 아무리 가볍더라도, 그것을 손에 들고 같은 동작을 반복하다 보면 손가락과 손목에 무리가 될 수 있습니다. 이는 손목터널 증후군이나 관절 염증을 유발합니다.

고등학교 2학년 태윤이는 매일 4~5시간씩 스마트폰으로 게임을 했습니다. 엄지손가락으로 화면을 계속 터치하다 보니 손목과 손가락 마디에 통증이 생겼습니다. 반복적인 손 움직임이 손목터널 증후군과 건초염을 유발한 것이었습니다. 한동안 태윤이는 손에 보호대를 차고 생활해야 했습니다.

■ **심혈관계 문제** : 고등학교 2학년 민재는 비만이었습니다. 주말이면 거의 하루 종일 컴퓨터 앞에 앉아 게임을 하거나 스마트폰으로 유튜브를 보았습니다. 화장실 가는 것 외에는 거의 움직이지 않고, 간식도 자리에 앉은 채 먹었습니다. 그런데 최근 들어 다리가 자주 붓고 쉽게 피로를 느꼈습니다. 아침 기상 시 머리가 무겁다고 말했습니다.

학교 건강검진을 받아 보니 혈압 수치가 전보다 올라갔고, 체중도 더 늘어 있었습니다. 병원에서는 "앉아서 생활하는 시간이

지나치게 길면 혈액 순환이 저하되고, 염증 수치가 올라가며, 장기적으로 심혈관계에 부담을 줄 수 있다"는 설명을 들었습니다.

이렇듯 장시간 앉아서 미디어만 소비하면 혈액 순환이 저하되고, 체내 염증 반응이 증가하며 심장 건강에 악영향을 미칩니다. 게다가 고지혈증, 고혈압, 심장마비 및 뇌졸중 위험이 증가하게 됩니다.

2. 팝콘 브레인과 퇴행의 변화

우리 신체에서 가장 놀라운 기관이 있다면 그것은 바로 '뇌'일 것입니다. 뇌는 외부의 정보를 인식하고, 해석하고, 판단하고, 결정하고, 기억하는 인간 활동 전반에 관여합니다. 성인 기준으로 하루 에너지 소모량의 20%를 뇌가 사용한다고 합니다. 그만큼 정교하고 중요한 기관이라는 의미입니다.

스마트폰의 과도한 사용은 인간의 뇌 구조와 기능에 직접적으로 영향을 미치는 심각한 뇌 건강 이슈로 이어집니다. 유아와 청소년뿐만 아니라 디지털 환경에 장시간 노출되는 현대인의 뇌가 다음과 같은 퇴행적 변화를 겪고 있습니다.

전두엽의 기능 저하

첫째로 과도한 스마트폰 사용은 전두엽 기능을 저하시킵니다.

전두엽은 인간의 사고력, 판단력, 자제력 등을 담당하는 핵심 부위입니다. 스마트폰 사용 시 시각 정보를 처리하는 후두엽은 과도하게 자극되지만 전두엽은 거의 활성화되지 않습니다. 실제 뇌파 실험에서도 스마트폰 사용 중 전두엽과 측두엽은 거의 반응하지 않고 후두엽만 활발히 움직이는 것으로 나타났습니다. 이러한 현상은 뇌를 '보고 반응하는' 파충류 수준으로 퇴행시키며, 사고력과 언어 능력을 저하시킵니다. 특히 전두엽이 미성숙한 아동과 청소년은 정서 조절 장애, 충동성 증가, 집중력 결핍 등의 문제를 겪을 수 있습니다.

스마트폰으로 영상을 보거나 게임을 할 때, 뇌는 자극에 즉각적으로 반응하지만 이를 분석하고 판단하는 기능은 충분히 활용되지 않습니다. 특히 게임을 할 때 고주파 뇌파가 증가하고, 뇌의 안정과 연결되는 저주파 뇌파는 감소하는 현상이 관측되었습니다. 이는 뇌를 과도하게 각성시키고 휴식과 회복이 필요한 뇌의 균형을 무너뜨립니다. 그 결과 사고력, 판단력, 자제력, 집중력 등 뇌의 고차원적 기능은 점차 약화됩니다.

디지털 환경과 문해력은 밀접한 관계가 있습니다. 대한민국은 2006년부터 2016년까지 OECD 국가 중 문해력 저하가 두드러진 것으로 평가되었습니다. 이는 초고속 인터넷 환경과 스마트폰의 급속한 보급의 영향과 무관하지 않을 것입니다. 북미, 유럽, 동남아 국가들보다 빠른 인터넷 속도와 고도화된 디지털 환경은 편리함을 제공하지만, 동시에 우리의 뇌를 점점 무기력하고 퇴행하게 만들고 있는 셈입니다.

뇌를 지키려면 디지털 절제는 필수입니다. 스마트폰은 편리함을 제공하지만 무분별한 사용은 뇌의 핵심 기능을 저하시킵니다. 특히 성장기 아동과 청소년에게는 더욱 치명적일 수 있습니다. 깊은 사고와 자제력을 유지하기 위해서는 디지털 기기 사용을 절제하고 독서, 사색, 신체 활동 등 뇌를 건강하게 자극하는 활동을 병행해야 합니다.

신경망 가지치기 방해

둘째로 과도한 스마트폰 사용은 뇌의 신경망 가지치기를 방해합니다.

유아기는 뇌의 신경망 형성과 가지치기가 이루어지는 결정적 시기입니다. 이 시기에 많이 쓰는 신경망은 강화되고, 사용하지 않는 신경망은 사라집니다. 이렇게 중요한 시기에 만약 디지털 자극에 자주 노출된다면 뇌 발달에 미치는 영향 또한 클 것입니다. 스마트폰을 통한 단순 자극에 반복적으로 노출되면 사고나 언어, 창의력에 관여하는 복잡한 신경망이 사용되지 않고 사라질 수 있습니다.

한 연구에서는 스크린 타임이 긴 3~5세 아동의 뇌를 MRI로 촬영한 결과, 백질(White matter) 밀도가 낮아진 것으로 나타났습니다.[18] 백질은 신경세포 간 신호 전달을 돕는 구조로 언어, 기억, 판단 기능과 직결됩니다. 백질이 충분히 발달하지 않으면 뇌의 반응 속도와 인지 능력이 저하되며, 이는 학습력과 사고력에 직접적인 영향을 미칩니다.

팝콘 브레인이 지속되면

셋째로 과도한 스마트폰 사용은 자극에 둔감하게 만듭니다.

『도파민 밸런스』의 안철우 교수는 숏폼 콘텐츠에 지속적으로 노출될 경우 뇌 구조에 부정적인 변화가 생길 수 있다고 경고합니다. 짧고 자극적인 숏폼 콘텐츠는 특히 전두엽이 아직 완전히 발달하지 않은 아동과 청소년의 뇌에 치명적인 영향을 미칩니다. 맥락 없는 정보를 반복하여 소비하게 되면 좌·우뇌의 불균형을 가져옵니다. 또 ADHD 및 학습 장애가 나타날 수 있고, 문해력 또한 저하될 수 있습니다. 2021년 OECD 보고서 역시 숏폼 콘텐츠가 문해력 저하의 주요 원인 중 하나라고 지적합니다.

15~60초짜리 숏폼 영상은 우리 뇌에 생각보다 큰 영향을 줍니다. 이 짧고 자극적인 영상은 도파민을 빠르게 분비시켜 뇌를 '즉각적 쾌감'에 중독되도록 만듭니다. 그리하여 뇌는 점점 더 강한 자극을 원하게 되고 독서나 공부 같은 자극이 낮은 활동에

는 흥미를 잃어버리게 됩니다. 이러한 뇌 상태를 '팝콘 브레인 (Popcorn brain)'이라고 부릅니다.

팝콘 브레인이 지속되면 주의력 결핍, 기억력 감퇴 등 인지 기능 저하로까지 이어질 수 있어 학습에도 치명적입니다. 팝콘처럼 터지고 흩어지는 자극만 찾아다니는 뇌, 그 결과는 무엇일까요? 이런 현상이 나타납니다.

- 집중력 저하
- 감정 조절 장애
- 지속적인 피로감
- 자기 결정 능력 상실
- 수동적인 소비자화

쉽게 말하면, 아무런 생각 없이 그냥 눈앞의 화면을 스크롤하는 뇌가 되어 가는 것입니다.

브레인 포그 현상

넷째로 과도한 스마트폰 사용은 '인지 흐림(Cognitive fog)'을 가져다줍니다.

최근 들어 많은 사람이 단어가 떠오르지 않거나 머릿속이 뿌연 느낌이 든다고 호소합니다. 이는 단순한 건망증이 아니라 디지털 과부하로 인한 전두엽 기능 저하와 신경망의 비효율적 활성화에서 비롯된 '브레인 포그(Brain fog)' 현상일 수 있습니다. 이러한 인지 흐림은 뇌의 구조적 변화와 관련이 있습니다.

백질이 뇌의 여러 부위를 연결하는 '정보 전달의 고속도로'라고 한다면 회백질(Grey matter)은 사고력, 판단력, 기억력을 담당하는 뇌세포가 밀집된 지역을 말합니다. 디지털 기기의 과잉 사용, 멀티태스킹 습관, 수면 부족, 지속적인 알림 자극 등은 회백질의 밀도를 감소시키고 백질 연결망을 느슨하게 만들어 뇌의 기능적 네트워크를 흐릿하게 만듭니다. 그 결과 사고력이 저하되고, 언어 기능이 지연되며, 기억력이 감퇴하는 등의 증상이 나타납니다.

스마트폰은 짧고 자극적인 정보를 빠르게 소비하게 만듭니다. 이 과정에서 뇌는 깊은 사고를 포기하고 피상적인 반응 중심의 회로만 사용하게 됩니다. 사고를 담당하는 전두엽은 거의 활성화되지 않고 시각 자극을 처리하는 후두엽만 과도하게 반응하는 것입니다. 결국 뇌는 능동적 사고 기계가 아닌 수동적 수용기로 퇴화하게 됩니다. 이러한 변화는 브레인 포그를 일상화시키며 인지 능력 전반을 저하시킵니다.

유아기와 청소년기는 뇌 성장의 골든타임입니다. 이 시기의 뇌는 외부 자극에 민감하게 반응하며, 이 시기의 환경은 평생의 인지 능력과 정서 발달에 영향을 미칩니다. 스마트폰과 숏폼 콘텐츠는 편리함과 재미를 제공하지만 그 이면에는 뇌 성장의 결정적 시기를 위협하는 요소들도 숨어 있음을 알아야 합니다.

깊은 사고와 창의력을 지키기 위해서는 디지털 자극을 절제하고 독서, 놀이, 대화 등 뇌를 건강하게 자극하는 활동을 일상에 적극적으로 포함시켜야 합니다. 뇌는 우리가 무엇을 반복하느냐에 따라 성장 방향이 결정됩니다. 지금이 바로, 뇌를 위한 선택을 해야 할 때입니다.

3. 자극에 맞춰 바꾸기 시작하는 뇌

아이의 뇌는 태어나는 순간부터 끊임없이 성장합니다. 뉴런은 폭발적으로 생성되고, 시냅스는 경험을 통해 연결되며, 감각과 인지와 언어와 감정이 하나씩 자리를 잡아 갑니다. 이 과정은 생물학적 변화가 아니라 환경과 자극에 따라 방향이 결정되는 섬세한 조율입니다. 그런데 이 중요한 시기에 아이가 디지털 화면에 과도하게 노출된다면, 뇌는 그 자극에 맞춰 구조를 바꾸기 시작합니다.

언어 발달 지연과 인지력 저하

디지털 환경은 유아와 아동의 뇌 발달에 새로운 도전과 위험을 동시에 안겨 주고 있습니다. 특히 언어 습득과 인지 기능 및 문해력 형성에 있어, 스마트폰과 영상 콘텐츠의 과도한 노출은 심각한 저해 요인으로 작용합니다.

미국 소아과학회는 2세 미만 유아에게 TV나 디지털 스크린 노출을 엄격히 제한할 것을 권고합니다. 실제 연구에 따르면 8~16개월 영아에게 아기용 DVD나 애니메이션을 반복적으로 보여 줬을 때 언어 습득 속도가 현저히 떨어졌습니다.[19]

언어는 단순한 말하기 능력이 아니라 인간 고유의 복합 인지 기능입니다. 언어 발달이 지연된다는 것은 곧 논리적 사고력, 감정 표현 능력, 사회적 관계 형성 능력 등 뇌 전반의 고차원 기능이 저해되고 있음을 의미합니다. 이는 아이가 성장하면서 자기 표현의 어려움, 사회성 부족, 학습 지연 등의 문제로 이어질 수 있습니다.

성장기 아이를 위한 디지털 절제법, 즉 아이의 뇌를 건강하게 성장시키기 위해서는 다음과 같은 스마트폰 사용 지침을 실천하는 것이 중요합니다.

- 24개월 이전에 유아의 디지털 스크린 노출을 피하기
- 아동은 하루 30분, 청소년은 2시간 이하로 사용 제한하기
- 취침 1시간 전에는 스마트폰 사용을 중단하기
- 산책, 창밖 보기, 독서 등 뇌 안정 활동을 병행하기
- 아이와의 대화를 통해 언어 및 사회성 발달 촉진하기

이러한 실천은 단순한 생활 습관의 개선을 넘어 아이의 뇌를 보호하고 미래의 인지 역량을 지키는 핵심 전략입니다. 스마트폰은 잘 활용하면 유익한 도구가 될 수 있지만, 무분별한 사용은 뇌 발달을 저해하는 독이 될 수 있습니다.

반복해서 언급하지만 뇌를 보호하는 것은 미래를 지키는 일입니다. 언어 발달과 인지력은 아이의 삶 전반을 결정짓는 중요한 기반입니다. 디지털 기기의 편리함에 익숙해진 오늘, 아이의 뇌가 어떤 자극을 받고 있는지 더 깊이 고민해야 합니다. 뇌는 자극에 반응하지만 성장에는 시간이 필요합니다.

주의력 결핍 및 과잉 행동 장애

디지털 기기의 빠른 화면 전환과 끊임없는 알림은 주의력을 단기적으로 분산시키며 지속적인 집중 능력을 저하시킵니다. 그 결과 학업에서의 생산성은 떨어지고, 충동적인 행동이 증가하며, 이는 과잉 행동 장애(ADHD와 유사 증상)로 이어질 수 있습니다.

영국에서 보고된 한 연구에 따르면 매일 2시간 이상 스마트폰이나 비디오게임을 사용하는 어린이들은 그렇지 않은 어린이에 비해 작업 기억, 처리 속도, 주의 집중력, 언어 능력, 집행 기능 등이 전반적으로 저하된 것으로 나타났습니다.[20] 이는 과도한 스크린 사용이 뇌 발달에 직접적 영향을 미쳐 학습 능력 전반을 떨어뜨릴 수 있음을 시사합니다.

스마트폰에 몰입하는 아이들은 수업 시간에 졸거나 숙제를 미루는 일이 반복되며, 학업 성취도가 하락하는 경향을 보입니다. 교사 지시에 대한 순응도 역시 낮아지고, 교실 내 집중력도 저하됩니다.

더욱이 스마트폰으로 멀티태스킹을 반복하는 습관은 깊이 있는 사고와 문제 해결 능력의 함양을 어렵게 만듭니다. 이는 핵심 발달 과업인 자기조절력, 논리적 사고력, 창의력 등을 제대로 개발할 수 없게 만들며, 장기적으로는 미래 역량 형성에 악영향을 줄 수 있습니다.

성장기의 뇌는 빠르게 발달하며 외부 자극에 민감하게 반응합니다. 스마트폰 과몰입은 단순한 편리함을 넘어 인지적 발달을 방해하고 학습 기반을 흔드는 심각한 위협이 될 수 있습니다. 따라서 스마트폰 사용은 시간, 내용, 환경을 고려한 절제가 필요하며 부모와 교육자의 적극적인 개입과 지도가 반드시 동반되어야 합니다.

4. 감정 조절력이 약해지는 이유

감정을 느끼는 방식마저 디지털화된 시대에 스마트폰은 감정의 흐름을 자극하고 조절하는 새로운 환경입니다. 특히 청소년기, 정서와 인지가 동시에 성장하는 시기에 스마트폰은 즉각적인 보상과 강한 자극을 반복적으로 제공하며 감정 조절력과 인내심, 회복탄력성 같은 심리적 기반을 약화시킵니다.

분노를 참지 못하거나, 사소한 불편을 견디지 못하거나, 권태와 무의미함을 느끼거나, 남과의 관계를 쉽게 끊어 버리는 다음 세대의 모습들은 성격 문제가 아닙니다. 이는 디지털 자극에 과도하게 노출된 결과로, 뇌의 감정 회로가 단절되고 심리적 내성이 약화된 상태를 보여 주는 사회적 증상입니다.

스마트폰 중독이 청소년의 심리적 구조에 어떤 영향을 미치는지, 즉각적인 만족에 익숙해진 뇌는 어떻게 좌절을 견디지 못하게 되었는지, 청소년의 감정 조절력은 왜 약해졌으며 관계는 왜 쉽게 단절되는지, 우리는 무엇을 잃었고 무엇을 회복해야 하는지, 그 질문에 대한 탐색을 해 보려 합니다.

자기통제 능력 저하

분노 조절 장애는 감정이 수시로 폭발하고 현실 적응력이 저하된 상태를 말합니다. 중학교 2학년 기철이는 게임을 하던 중 어머니의 식사 호출에 갑자기 소리를 질렀습니다. 이어 할머니의 말에 분노를 참지 못하고 밀쳐 버렸습니다. 평소 온순했던 기철이는 스마트폰 사용이 늘면서 감정 기복이 심해졌고 게임이나 영상 시청을 중단하라는 말에 극단적인 반응을 보이기 시작했습니다.

이 사례는 성격 변화가 아니라 디지털 자극에 과도하게 노출된 뇌가 현실과 가상의 경계를 혼동하며, 감정 조절력과 현실 적응력은 물론 공감 능력과 사회성마저 상실해 가는 과정을 보여줍니다. 반복된 자극은 도파민 수용체의 민감도를 떨어뜨려 더 강한 자극을 요구하는 중독 상태로 이어지고, 현실 자극에는 무감각해질 수밖에 없습니다.

스마트폰은 감정의 흐름을 자극하고 재편하는 강력한 환경입니다. 가톨릭대 김대진 교수 연구에 따르면, 스마트폰 중독자의 경우 안와전두피질(충동 억제)과 배측대상회피질(주의 집중) 사이의 기능적 연결성이 떨어진다고 밝혔습니다. 이는 감정 조절과 자기통제 능력 저하로 이어질 수 있습니다.

참을성 붕괴

스마트폰은 기다림 없이 즐거움을 제공하는 장치입니다. 그러나 그 즉각성은 현실의 불편함을 견디는 힘, 즉 좌절 내성을 약화시킵니다. 초등학교 6학년 신영이는 문제집을 풀다가 어려운 문제가 나오면 곧바로 포기했습니다. 일상 속 작은 지연에도 짜증을 내기 시작했습니다. 스마트폰 사용이 늘면서 조급함은 더욱 심화되었고, 가족 모두가 긴장 속에 일상을 보내게 되었습니다.

이러한 현상은 '컷 증후군(Cut syndrome)'이라는 이름으로 설명

됩니다. 사소한 불편이나 감정의 불쾌함을 참지 못하고 즉각 중단하거나 회피하는 행동 패턴입니다. 주변에서 발견되는 컷 증후군의 대표적 양상은 다음과 같습니다.

- 지루하면 10초 안에 재생한 영상을 종료
- 대화 중 의견 충돌 시 '손절' 선언
- 학습 중 이해되지 않으면 즉시 포기
- 관계에서 작은 갈등만 있어도 차단
- 약간의 피로감에도 운동이나 독서 중단

이러한 반응은 개인의 성향이 아니라 즉각 보상 환경에 익숙해진 뇌의 구조적 반응입니다. 숏폼 콘텐츠, 퀵 딜리버리, 원 클릭 소비 등은 기다림 없는 세상을 만들었고, 뇌는 점점 더 강한 자극만을 원하게 되었습니다. 반복적이고 느린 활동에는 흥미를 잃고 '불편은 악'이라는 인식이 내면화되고 있습니다.

자기 효능감 붕괴

리셋 증후군, 곧 실패하기보다 리셋하는 데 더 익숙한 시대입니다. 청소년은 게임을 하다가 마음에 들지 않으면 바로 리셋하고, 영상도 마음에 들지 않으면 마구 넘겨 버립니다. 이러한 행동은 실패를 감당하기보다 초기화하는 것이 더 안전하다고 느끼는 정서적 습관입니다.

디지털 문화에서 자라 앱이든, 게임이든, 아이디든 손쉽게 초기화되는 환경에 익숙해진 세대는 무엇이든 '처음부터 다시'라는 선택을 지나치게 가볍게 합니다. 인내하지 못하고, 금방 싫증을 내며, 관계조차 쉽게 리셋하려는 경향을 보입니다. 리셋 증후군의 정서적 영향은 무엇일까요? 실패에 대한 내성 저하, 자기 확신의 붕괴, 감정 감당 능력의 약화, 관계 지속력의 상실 등입니다. 이러한 리셋 증후군을 극복하기 위해서는 다음과 같은 실천 전략이 필요합니다.

- 작은 실패를 끝까지 감당해 보기
- 불완전한 과정에 머무는 연습하기
- 리셋 충동이 들 때마다 '왜?'를 묻고 기록하기
- 성과보다 과정에 충실한 보상 시스템 만들기

리셋 증후군은 단지 게으름이나 변덕이 아닙니다. 무너진 자기 신뢰, 반복된 회피 습관, 감정 감당 능력의 약화가 만들어 낸 사회적 증상입니다. 중요한 것은 '처음부터 다시'가 능력이 아니라는 것입니다. 진짜 실력은 끝까지 견디는 힘이며, 모든 것에 리셋이 필요한 것이 아니라 과정 속의 자신을 믿어 주는 연습이 필요합니다.

우울과 불안 증상

청소년기는 뇌의 감정과 인지 기능이 동시에 성장하는 시기입니다. 이 시기의 뇌는 외부 자극에 민감하게 반응하며, 반복되는 경험에 따라 신경망이 강화되거나 약화됩니다. 스마트폰은 이 뇌에 강력한 자극을 제공합니다. 특히 SNS와 숏폼 콘텐츠는 짧고 강한 감각적 자극을 반복적으로 제공하며 뇌의 정서 조절 시스템을 흔들어 놓습니다.

스마트폰 중독은 우울증, 불안 장애와 깊이 연결된 심리적 후유증입니다. 스마트폰 사용이 과도할 경우 청소년의 심리적 안정감은 낮아지고 우울, 불안, 스트레스, 외로움 같은 정서 문제에 봉착하게 됩니다. 미국의 보건부 총감은 하루 3시간 이상 SNS를 사용하는 청소년은 그렇지 않은 경우보다 우울 및 불안 증상 위험이 2배 높다고 경고했습니다.[21] 이는 단순한 사용 시간의 문제가 아니라 뇌의 생리적 균형이 무너지고 있다는 신호입니다.

스마트폰을 과하게 사용하면 도파민 시스템뿐 아니라 세로토닌 시스템에도 영향을 미칩니다. 세로토닌은 기분 안정, 충동 조절, 수면, 식욕 등에 관여하는 대표적인 신경전달물질로 정서적 균형을 유지하는 핵심 요소입니다. 짧고 강한 자극에 반복적으로 노출되면, 세로토닌 분비와 수용체 감수성에 변화가 발생합니다. 그 결과 세로토닌 수치가 낮아져 자기통제력은 약화되고, 충동적 행동이 증가하며, 즉각적 욕구를 참지 못하게 됩니다.

또한 감정 조절을 무디게 만들어 우울 증상을 증가시킬 수 있습니다.

이러한 변화는 개인 성격의 문제가 아닙니다. 그것은 환경이 만든 결과이며 변화입니다. 우울과 불안은 뇌의 생리적 균형이 무너졌다는 신호입니다. 청소년의 인격 형성과 뇌 발달에까지 영향을 미치는 중대한 심리적 후유증입니다. 감정 조절력의 붕괴는 학습 능력, 사회성, 관계 지속력 등 삶의 전반에 걸쳐 영향을 미치며 장기적으로는 정서적 회복탄력성의 약화로 이어질 수 있습니다.

뇌는 무엇에 반복적으로 노출되느냐에 따라 구조가 형성됩니다. 스마트폰 자극만을 경험한 뇌는 현실 자극에 반응하지 않는 구조로 고착될 수 있습니다. 따라서 청소년의 뇌를 지키기 위해 지금 필요한 것은 뇌를 위한 환경 설계입니다.

청소년의 뇌는 환경에 따라 달라집니다. 어른은 아이의 뇌가 자라는 환경을 설계하는 사람입니다. 청소년의 뇌는 완성되지 않았습니다. 감정 조절력은 훈련을 통해, 인내심은 경험을 통해 자랍니다. 실패를 견디는 힘을 얻도록, 불편함 속에서 관계를 지속하도록, 즉각적인 보상보다 느린 성취의 가치를 배우도록 단단하게 지켜보며 때로는 기다려 주어야 합니다.

5. 접속이 늘어날수록 관계는 사라진다

스마트폰은 사람을 연결해 주는 기기입니다. 그런데 아이러니하게도 그것에 지나치게 몰입하게 되면서 점점 더 사람과의 직접적인 관계를 피하게 됩니다. 친구와의 대화는 메시지로 대체되고, 가족과의 소통은 짧은 응답이나 침묵으로 바뀝니다. 연결을 위한 도구가 오히려 단절을 만들어 내는 역설 속에서 점점 더 고립되고, 관계의 깊이는 얕아집니다.

미국 사우스플로리다대(USF) 연구진은 플로리다 지역의 11~13세 청소년 1,500여 명을 대상으로 설문 조사를 했습니다.[22] 청소년의 스마트폰 사용 습관과 그에 따른 행복도를 분석한 설문 조사 결과, 스마트폰을 소유한 아이들이 거의 모든 행복 지표에서 더 높은 점수를 기록했습니다. 이들은 스마트폰을 갖고 있지 않은 또래보다 우울증과 불안 증상이 덜 나타났으며, 친구들과 자주 만나 시간을 보내고 자신에 대해 긍정적인 인식을 갖는 경향도 뚜렷했습니다.

이는 스마트폰 자체보다, 스마트폰을 사용하는 방식이 정신 건강에 더 큰 영향을 미친다는 사실을 보여 줍니다. 프랑스는 '디지털 쉼표' 정책의 일환으로 초·중학교에서 스마트폰 전면 사용 금지 방안이 추진되었으며, 국내에서도 교내 스마트 기기 사용 금지법 개정안이 발의되어 통과되었습니다.

2025년 과학기술정보통신부의 조사에 따르면 한국 청소년의 42.6%가 스마트폰 과의존 위험군에 속하며, 이는 전년 대비 2.5% 증가한 수치입니다. 특히 10대 청소년의 주당 평균 스마트폰 사용 시간은 12.6시간에 달하며, 숏폼 콘텐츠(틱톡, 유튜브 숏츠 등)를 주로 이용하는 비율은 39.4%로 나타났습니다. 이러한 사용 행태는 단순한 정보 소비를 넘어 사회적 회피와 정서적 고립을 유발하는 요인으로 분석되고 있습니다.

한국리스크관리연구원의 2025년 보고서에 따르면 청소년의 스마트폰 사용 시간이 길수록 교우 관계, 사제 관계, 사회성 지표가 낮게 나타나는 경향이 있으며, 스트레스 경험률과 수면 부족, 정서 불안정성과도 밀접한 연관이 있는 것으로 밝혀졌습니다. 스마트폰은 이제 단순한 기기를 넘어 청소년의 감정 조절과 갈등 해결 능력 발달을 저해하는 환경적 요인으로 작용하고 있습니다.

청소년기는 타인과의 관계 속에서 공감 능력과 정서 조절 능력을 키워야 하는 시기입니다. 그러나 스마트폰 중심의 소통은 이러한 훈련의 기회를 빼앗고, 관계 지속력과 사회적 유대감을 약화시키는 결과를 초래합니다. 특히 여학생의 경우 SNS를 통한 비교와 정서적 피로감이 더 크게 나타나는 경향이 있어, 성별에 따른 맞춤형 대응이 필요하다는 지적도 제기되고 있습니다.[23]

과몰입 상태로 길을 걷는다면

단적인 예로 스마트폰에 과몰입하게 되면 물리적 안전 문제를 야기하기도 합니다. 생활 안전 측면에서, 스마트폰에 몰입한 상태로 길을 걷거나 운전하면 주위 환경에 대한 인지력이 크게 떨어져 사고 위험이 증가합니다. 관심이 스마트폰 화면에 있기 때문입니다.

보행 중 스마트폰을 사용하면 주위 소리를 인지하는 능력이 평소보다 50% 이상 감소하고, 시야각도 120도에서 10~20도로 축소되어 교통사고에 매우 취약해집니다. 실제로 이어폰을 낀 채 스마트폰을 보다가 넘어지거나 차량에 부딪히는 등 사고 사례도 보고되고 있습니다.

고등학교 3학년 민수는 등굣길에 이어폰을 끼고 스마트폰으로 동영상을 보며 길을 걷고 있었습니다. 그러다 횡단보도 앞에 멈추지 못했고, 마침 우회전하던 차량이 급브레이크를 밟아 겨우 사고를 피할 수 있었습니다. 운전자는 분노했지만 민수는 "아, 깜짝이야"라는 말밖에 하지 못했습니다. 그 순간 민수는 자신이 주변 세상을 거의 인식하지 못하고 있었다는 사실을 처음 깨달았습니다.

부모와 자녀의 소통 부재

중학교 2학년 지훈이는 저녁마다 스마트폰으로 게임과 영상을 5시간 넘게 시청했습니다. 보다 못한 부모가 사용 시간을 줄이려고 하자, 지훈이는 짜증을 내고 문을 쾅 닫거나 "숙제 때문에 필요해"라며 거짓말을 했습니다. 결국 아버지가 집 안 와이파이 전원을 끄자, 지훈이는 소리를 지르고 물건을 던졌습니다. 이후 가족 간 대화는 줄어들고 가정 분위기는 냉랭해졌습니다. 정도는 다르겠지만 아마도 이런 현상은 사춘기 청소년 가정에 종종 있는 일일 것입니다. 무엇이 문제일까요?

무엇보다 의사소통 악화가 문제입니다. 어떤 문제가 보이면 부모는 통제하려 하고, 자녀는 방어적으로 반응합니다. 결국 대화는 끊기고 감정의 골만 깊어집니다. 저는 부모님에게 너무 극단적으로 대처하지 말 것을 당부합니다. 자녀가 몰입해서 스마트폰이나 컴퓨터를 사용할 때, 코드를 뽑거나 인터넷을 끄면 금단 현상이 옵니다. 그러면 자녀는 불안하고, 초조하고, 화도 납니다. 그런 감정을 부모에게 쏟아 냅니다. 이런 경우 관계는 깨집니다.

부모의 통제가 너무 심하면 자녀는 더 이상 부모님을 신뢰하지 않습니다. 스마트폰 혹은 컴퓨터를 과하게 사용한 것은 잘못이지만 부모님에게 책임이 있다고 생각합니다. 그렇게 신뢰 관계가 깨지고, 자녀는 솔직한 대화를 피하게 됩니다. 오히려 이제는 스마트폰 사용이나 컴퓨터 사용을 숨기거나 거짓말을 합니다. 친구 집에 놀러 간다고 하거나 집 밖에서 방법을 찾습니다.

집에 늦게 들어오거나 PC방에 가서 놉니다.

역할 전도와 감정의 소용돌이

요즘 스마트폰 사용을 놓고 부모와 청소년 둘 다 힘들어하는 경우를 보게 됩니다. 청소년은 점점 스스로를 통제하지 못하는 자신을 느끼며 불안해합니다. 부모는 자녀에게 무기력감을 느끼며 감정적으로 소진됩니다. 이런 경우 가정 분위기는 냉랭해집니다. 감정의 폭풍 가운데 싸늘할 수 있습니다.

부모는 자녀가 스마트폰을 내려놓지 않을 때 징계나 처벌 위주로 대응하려고 해서는 안 됩니다. 오히려 아이의 반발심만 키워서 악순환이 벌어지게 됩니다. 이러한 가족 갈등은 청소년의 정서 발달에 부정적 영향을 줍니다. 심하면 가출이나 학업 포기 등의 극단적 선택으로 이어질 위험도 있습니다.

이러한 변화는 단지 행동의 문제가 아니라, 뇌의 사회적 회로가 흔들리고 있다는 신호입니다. 청소년의 뇌는 타인의 감정을 인식하고 공감하는 능력을 형성하는 시기입니다. 그러나 디지털 자극에 반복적으로 노출되면 시각 중심의 반응 회로만 강화되고, 감정 교류와 공감 능력은 점차 약화됩니다. 친구와의 갈등은 '손절'로 처리되고, 부모와의 대화는 감정을 숨기거나 과잉 반응으로 이어집니다.

이런 갈등은 감정 조절력의 약화와 신뢰 관계의 붕괴를 보여 주는 징후입니다. 지금 필요한 것은 관계 속에서 감정을 배우고, 갈등을 견디며, 신뢰를 회복할 수 있도록 돕는 환경 설계입니다. 대화하는 시간을 만들고, 감정을 표현하고 조절하는 방법을 함께 연습하며, 공감 중심의 대화를 생활 속에 녹여 내야 합니다.

스마트폰 과몰입, 그 원인을 묻다

Q1. 스마트폰 과몰입은 왜 개인 심리의 틈을 파고드나요?

A. 중독은 외부 자극보다 내면의 결핍에서 시작됩니다. 외로움, 불안, 공허함 같은 감정은 스마트폰이라는 '즉각적 위안'에 쉽게 기대게 만듭니다. 특히 현대인은 자기감정을 인식하고 조절하는 능력이 약화되어 있습니다. 스마트폰은 그 빈틈을 채워 주는 듯하지만, 결국 감정을 회피하게 만들죠. 심리적 요인은 중독의 문을 여는 열쇠입니다. 스마트폰은 그 문을 부드럽게 열어 주지만, 닫는 방법은 알려 주지 않습니다. 디지털 리터러시는 자기감정과 욕구를 인식하고, 기술과의 관계를 재구성하는 내면의 작업입니다.

Q2. 중독은 개인의 문제인가요, 사회의 문제인가요?

A. 중독은 구조입니다. 심리, 습관, 관계, 기술, 자본이 얽혀 있습니다. 특히 기업이 이윤을 위해 중독을 활성화시키기도 합니다. 예를 들어 게임 회사들은 강력한 중독성 게임을 만들어야 더욱 수입이 극대화됩니다. 최근 카카오톡에서 숏품을 넣었습니다. 왜 그랬을까요? 좀 더 카카오톡에 머물게 하려고 한

것입니다. 그러면 사람들이 광고를 보거나, 물건을 더 구매할 수 있기 때문입니다.

리터러시는 이 구조를 읽어 내는 힘입니다. 개인을 탓하기보다, 환경을 성찰해야 합니다. 한 학부모는 "우리 아이는 의지가 약해요"라고 말했습니다. 하지만 그 아이는 하루 6시간 이상 스마트폰을 써야만 친구들과 소통할 수 있었습니다. 중독은 개인의 나약함이 아니라 사회적 압력의 결과였습니다.

Q3. 기술 설계가 중독을 유도한다는 건 무슨 뜻인가요?

A. 무한 스크롤, 푸시 알림, 보상 시스템… 모두 사용자의 머무름을 설계한 장치입니다. 우리는 설계된 감각 속에 살고 있습니다. 중독은 의도된 결과일 수 있습니다. 한 청소년은 "그냥 보다 보면 시간이 훅 가요"라고 말했습니다. 그 앱은 끝이 없었고, 다음 콘텐츠가 자동으로 재생되도록 설계되어 있었습니다. 그 아이는 선택한 게 아니라 설계된 흐름에 따라간 것이었습니다.

Q4. 습관이 중독으로 바뀌는 순간은 언제인가요?

A. 습관은 반복이고, 중독은 반복의 통제 상실입니다. 리터러시는 반복을 인식하고 멈출 수 있는 감각입니다. 중요한 건 '내가 선택하고 있는가'입니다. 한 성인은 "그냥 습관처럼 켜요. 이유는 없어요"라고 말했습니다. 그는 지루함을 느낄 틈도 없이 스마트폰을 열고 있었습니다. 그 순간 선택은 사라지고 자동 반응만 남아 있었습니다.

Q5. 행동 관습은 어떻게 중독을 일상화시키나요?

A. 습관은 반복된 선택의 결과입니다. 스마트폰을 아침에 눈뜨자마자 확인하고, 식사 중에도 손에 쥐고, 잠들기 전까지 놓지 않는 행동은 이제 '문화'가 되었습니다. 이러한 관습은 무의식적으로 강화되며 중독을 '정상'처럼 보이게 만듭니다.

중독은 종종 '편리함'이라는 이름으로 위장됩니다. 하지만 그 편리함은 사고의 여백을 지우고, 관계의 깊이를 얕게 만듭니다. 행동 관습을 바꾸는 일은 단순한 의지의 문제가 아니라 환경과 리듬을 재설계하는 일입니다. 디지털 리터러시는 습관을 성찰하고, 새로운 일상의 구조를 만드는 능력입니다.

Q6. 스마트폰 과몰입의 환경적 요인은 무엇이며, 어떻게 대응할 수 있나요?

A. 현대 사회는 과잉 연결과 정보 홍수의 환경입니다. 학교, 직장, 가정 모두 스마트폰 중심의 소통 구조를 갖고 있습니다. 이러한 환경은 과몰입을 '정상'처럼 만들고, 중독을 '개인의 문제'로 축소시킵니다. 중독은 환경의 산물입니다. 기술 중심의 구조, 과도한 정보 요구, 끊임없는 접속 압박은 개인의 선택을 왜곡시킵니다. 저는 쌍둥이 딸이 있는데요. 둘이 다른 학교를 다닙니다. 한 학교는 절대 스마트폰을 사용하지 못하게 했고, 다른 학교는 수업 시간에 알림 내용을 카톡에 올려 두고 확인할 수 있었습니다. 더 이상 사용할 수 없게 되었지만 말입니다. 유럽, 북미도 만 16세 이하 청소년들이 스마트폰을 사용하지 못하게 하는 법이 있습니다.

CHAPTER 4

스마트폰에
빠지는
다섯 가지 이유

왜 어떤 아이는 더 쉽게 빠질까요? 불안과
외로움, 습관화된 행동, 또래 압력, 기술 설
계, 그리고 기업의 이윤 구조까지 스마트폰
과몰입은 복합적인 원인으로 작동합니다.
이 다섯 가지 요인을 분석하며, 아이의 행동
을 이해하는 데 필요한 관점을 제공합니다.

1. 불안과 외로움 : 심리적 요인

중학교 2학년 민수는 요즘 혼자 있는 시간이 많아졌습니다. 아버지는 출장이 잦고, 어머니는 병든 할머니를 돌보느라 늘 지쳐 있습니다. 집안 분위기는 무겁고, 가족 간의 대화는 점점 줄어들었습니다. 수업 시간에도 스마트폰을 손에서 놓지 못하는 민수를 상담하던 선생님이 무엇이 힘드냐고 묻자 이렇게 말했습니다.

"그냥요, 이걸 안 보면 답답해요. 다 잘 사는 것 같은데 저만 혼자인 느낌이에요."

민수는 자연스럽게 스마트폰에 빠져들기 시작했습니다. 처음에는 친구들과의 대화를 놓치고 싶지 않아 메시지를 반복해서 확인하는 정도였지만, 점차 SNS의 '좋아요' 알림에 집착하게 되었고 게임을 통해 스트레스를 해소하는 데 익숙해졌습니다.

스마트폰은 민수에게 감정을 숨기고 회피할 수 있는 도피처가 되었습니다. 학원에서 꾸중을 듣거나 친구들과 갈등이 생기면, 곧장 집으로 돌아와 방에 틀어박혀 이어폰을 끼고 화면 속 세상에 몰입했습니다. 그러다 보니 SNS 알림이 울리지 않으면 불안해졌고, 잠자리에 누워서도 화면을 껐다가 다시 켜기를 반복했습니다. 부모님이 "요즘 왜 이렇게 말이 없느냐"고 물어도, 민수는 "그냥 피곤해서요"라는 말만 되풀이했습니다. 결국 학교 수업 중에도 스마트폰을 몰래 확인하는 일이 늘어났고, 성적은 눈에 띄게 하락했습니다.

이처럼 현실에서는 말하기 어려운 감정과 생각을 SNS나 게임 속 가상 정체성을 통해 표현하고 조절하려는 시도가 반복되면, 점차 현실 회피적 경향과 심리적 의존이 강화됩니다. 스마트폰의 지속적인 알림, 짧고 강한 자극, 보상 구조는 뇌의 보상 시스템을 자극하여 일종의 '디지털 쾌락 루프'를 형성하게 합니다. 이는 특히 충동 조절 능력이 아직 완전히 발달하지 않은 청소년에게 더욱 강한 중독성을 유발합니다.

실제로 많은 청소년이 별다른 이유 없이 습관처럼 스마트폰을 본다고 말합니다. 이는 중독이 단지 정서적 필요를 넘어, 생리적 반응의 차원으로 이행되었음을 보여 줍니다. 스마트폰 사용이 감정 조절의 수단이 될 경우, 단기적으로는 괜찮아 보여도 장기적으로는 내적 스트레스 해소 능력의 성장을 방해하게 됩니다. 결과적으로 자율성과 자존감이 약화되고, 의존적 성향이나 우울 경향이 강화되며, 더욱 깊은 정서적 고립에 빠지는 악순환이 형성됩니다.

덴마크 철학자 쇠렌 키에르케고르(Søren Kierkegaard)는 인간 존재의 핵심 문제를 '자기 자신이 되지 못함'에서 찾았습니다. 그는 절망이란 단지 불행한 상태가 아니라 자기 자신이 되어야 할 과제를 회피하거나 부정할 때 발생하는 실존적 병이라고 설명했습니다.

이러한 관점에서 보자면 스마트폰 중독은 사용자가 자기 내면의 불편한 감정이나 고통스러운 현실을 외면한 채, 외부 자극에 몰입함으로써 생기는 자기 상실의 현상으로 이해될 수 있습니다. 타인의 반응 속에서만 자신의 가치를 확인하려는 경향은 키에르케고르가 말한 '자기로부터 도망치는 절망'과 본질적으로 연결됩니다.

아우슈비츠 수용소를 경험했던 빅터 프랭클(Viktor Frankl)은 인간이 고통 그 자체보다 삶의 의미를 상실했을 때 더 큰 절망에 빠진다고 했습니다. 그는 '의미의 공백'을 채우기 위해 사람들이 권력, 쾌락, 성공 같은 외적 대체물에 집착하게 된다고 보았고, 이를 '실존적 공허'의 특징이라 설명했습니다.

프랭클이 말한 '의미 없는 상태에서 오는 병리적 행동'은 오늘날 스마트폰 중독의 심리적 원인을 설명해 주는 중요한 통찰입니다. 스마트폰은 의미를 잃어버린 개인에게 일시적 대체물을 제공합니다. 현실에서의 무력감, 감정의 분열과 회피, 존재의 방향 상실을 겪는 청소년은 그 공허를 영상, 게임, SNS 같은 즉각적인 보상 구조로 채우려 합니다. 이때 스마트폰은 단지 도구가 아니라 삶의 공백을 채워 주는 '위장된 의미'의 매개체가 됩니다.

2. 습관이 된 저절로 손짓 : 행동 요인

스마트폰에 과몰입하게 되는 두 번째 요인은 습관입니다. 청소년의 스마트폰 과몰입은 단지 감정적 문제에 그치지 않습니다. 반복되는 행동이 습관화되면서, 특별한 목적 없이도 무의식적으로 화면을 켜고 확인하는 행동이 일상화됩니다. 아침에 눈을 뜨자마자 스마트폰을 확인하고, 수업 중 틈만 나면 화면을 켜 보는 일들이 하나의 자동화된 루틴이 됩니다.

중학교 3학년 지윤이는 아침에 눈을 뜨자마자 스마트폰부터 찾습니다. 밤새 친구들이 단체 채팅방에 남긴 메시지를 훑고, SNS에 올라온 사진과 영상을 확인하는 것이 하루의 시작입니다. 알림이 하나라도 남아 있으면 마음이 불편해지고, 등교 준비도 종종 미뤄집니다.

학교에 도착해서도 상황은 크게 다르지 않습니다. 쉬는 시간 10분 동안 지윤이는 책을 펴기보다는 틱톡을 스크롤하고, 점심

시간에도 친구들과 대화하기보다는 각자 스마트폰에 집중합니다. 지윤이에게 왜 그러냐고 묻자 이렇게 대답합니다.

"피드에 뭔가 새로 올라오는데, 그걸 안 보면 뒤처지는 느낌이 들어요."

수업 중에도 스마트폰 진동이 느껴지면 신경이 곧장 그쪽으로 쏠립니다. 확인하지 않으면 불안하고, 지금이 수업 시간이라는 생각은 잠시뿐입니다. 결국 지윤이는 자기도 모르게 가방에서 휴대폰을 꺼내 책상 아래로 슬쩍 내립니다.

"손이 저절로 움직이는 것 같아요."

지윤이의 말은 단순한 표현이 아니라 행동이 이미 자동화되었음을 보여 줍니다. 그렇다고 스마트폰 사용에 특별한 목적이 있는 것도 아닙니다. 재미있는 영상을 찾기 위해서도 아니고, 꼭 필요한 연락을 주고받는 것도 아닙니다. 정말 아무 이유 없이 그저 손이 가고, 화면을 켰다가 끄는 동작을 반복합니다. 지윤이는 그 사실을 스스로도 알고 있습니다.

"딱히 하고 싶은 건 없는데, 그냥 계속 뭔가 보고 있어야 편해요. 가만히 있으면 불안해요."

스마트폰의 알림음, 메시지, 피드의 새 게시물은 사용자의 주의를 지속적으로 끌어당깁니다. 이러한 디지털 자극은 '조건 반사적 반응'을 유도하며, 뇌의 보상회로를 자극해 반복 사용을 강화합니다. 결국 '알림이 울리면 즉시 확인한다'는 행동 패턴이 무의식에 각인되어, 충동을 억제하기 어려워집니다.

짧은 시간 안에 즉각적인 만족을 제공하는 콘텐츠 구조는 지루함이나 공허함을 느낄 틈을 주지 않습니다. 이로 인해 청소년은 스스로의 감정을 돌아보거나 내면을 성찰하는 시간을 갖지 못하고, 점점 더 외부 자극에 반응하는 수동적 존재로 전락하게 됩니다.

행동 습관적인 중독은 시간이 지날수록 뇌 구조의 변화와도 연관되며, 장기적으로는 집중력 저하, 자기조절력 상실, 학습 능력 저하 등 부정적인 결과를 초래합니다. 결국 중독은 의식적인 선택이 아닌 조건화된 반사 행동으로 굳어지며 일상 전반을 지배하게 됩니다.

프랑스의 사회학자 피에르 부르디외(Pierre Bourdieu)는 반복된 행동이 몸에 새겨져 무의식적으로 재생되는 구조를 '아비투스(Habitus)'라는 개념으로 설명했습니다. 스마트폰을 사용하는 것은 처음에는 의식적인 선택이지만, 반복될수록 무의식적인 습관으로 자리 잡습니다. 알림이 울리면 곧장 확인하고, 무료한 순간 자동으로 손이 가는 행위는 모두 행동의 자동화입니다.

이런 반복은 뇌의 보상회로를 자극하여 사용자에게 쾌감을 주는 루프를 형성합니다. 그러면 어느 순간부터 우리는 왜 켰는지 모르면서도 그냥 켜서 보고 있습니다. 아무런 이유 없이, 목적 없이도 그렇게 합니다. 스마트폰을 사용하는 손가락은 이제 의식의 선택이 아니라 내면화된 반사 작용으로 작동합니다. 이것이 바로 아비투스, 습관화된 행위 구조입니다.

3. 또래와의 연결 욕구 : 사회적 요인

우리가 스마트폰에 과몰입되는 세 번째 요인은 사회관계입니다. 가정은 청소년의 아주 중요한 사회적 환경입니다. 지나치게 통제적인 부모의 양육 방식이나 감정적 소통의 부재는 청소년의 자기조절 능력을 약화시키고, 스마트폰을 감정 해소의 도구로 만들게 합니다. 반복적인 사용은 곧 중독으로 이어지고, 현실 문제 해결 능력은 점점 더 약화됩니다. 스마트폰은 '감정을 숨길 수 있는 가면'이자 '통제받지 않는 자기 세계'가 되어 버립니다.

고등학교 1학년 소연이는 초등학교 시절 왕따를 경험했습니다. 친구들 사이에서 소외되며 힘겨운 시기를 보냈고, 그 기억은 트라우마가 되어 고등학교에 진학한 지금도 마음속에 남아 있습니다. '또래에게 버림받으면 어떻게 하지'라는 불안이 여전히 따라다닙니다.

어느 날부터 소연이는 친구들의 단체 채팅방에서 대화가 빠르게 흘러가는 것에 불안함을 느끼기 시작했습니다. 하루에도 수백 개의 메시지가 오가는 채팅방에서, 한 번 놓치면 그다음을 따라가기 바빴습니다. 자다가도 알림 소리에 눈을 뜨고, 잠들기 전까지 메시지를 확인하는 일이 반복되었습니다.

친구 한 명의 셀카 사진에 '좋아요'와 댓글이 쏟아지는 모습을 보며 소연이는 남들보다 뒤처지면 안 된다는 압박감을 느꼈습니다. 같은 옷, 같은 말투, 같은 영상, 무언의 동조 규범은 점점 더 강해졌습니다. 스마트폰은 단지 소통의 도구가 아니라 소속감을 유지하고 존재를 증명받기 위한 생존의 수단이 되었습니다.

부모님은 그런 소연이를 보며 대화보다는 통제에 집중했습니다. 하루는 아버지가 스마트폰을 잠금 설정하고 비밀번호를 알려 주지 않자 소연이는 방에 틀어박혀 울었습니다. 평소에도 부모님에게 자신의 고민을 털어놓기 어려웠던 소연이는, 친구들과의 채팅과 SNS를 통해서만 감정을 표현할 수 있었습니다. 밝고 활발한 모습만을 보여 주며 현실의 불안과 외로움은 화면 뒤에 숨겼습니다.

이처럼 청소년의 스마트폰 과몰입은 개인의 심리적 문제만이 아니라 사회적 관계와 환경의 영향에서 비롯됩니다. 특히 또래 집단의 문화와 동조 압력은 청소년의 스마트폰 사용을 강하게 자극합니다. 친구들과의 연결을 놓치지 않기 위해 끊임없이 알림을 확인하고, 대화 흐름에 뒤처지지 않으려는 강박적 사용 습관이 형성됩니다. 이는 '놓치는 것에 대한 두려움(FOMO: Fear of missing out)'으로 이어지며, 이때 스마트폰은 정체성과 소속감을 유지하는 수단으로 기능하게 됩니다.

사회심리학자 에리히 프롬(Erich Fromm)은 현대인의 가장 강력한 욕망이 '사랑받고 싶다'는 욕구라고 했습니다. 그러나 이 욕망은 종종 진정한 자기로부터가 아니라 타인의 반응을 추구하는 방식으로 왜곡됩니다. 사람들은 사랑받기 위해 자신을 연기하고, 좋아 보이기 위해 이미지를 가공합니다.

오늘날 스마트폰은 이 '연기된 자기'를 표현하는 최적의 도구입니다. SNS에 올린 사진에 달린 '좋아요' 수, 메시지에 대한 반응 속도는 곧 자기 존재의 척도가 됩니다. 프롬이 말한 '사랑받기 위한 자기 조작'은 디지털 시대에 필터, 알고리즘, 팔로워 수로 변형되었습니다. 사람들은 진짜 자기를 드러내기보다, 사회적으로 승인받을 수 있는 모습만을 끊임없이 가공해 보여 줍니다.

특히 프롬은 존재(Being)보다 소유(Having)에 몰입하는 현대인의 경향을 경고했습니다. 스마트폰 세계는 이러한 '소유 중심의 자아'를 극대화합니다. 사람들은 정보를 소유하고, 관심을 소유하고, 반응을 소유함으로써 존재의 불안을 덮습니다. 그러나 프롬에 의하면 "사랑은 소유가 아니라 존재 그 자체에서 비롯되는 능동적 행위"입니다.

또한 프롬은 현대인이 자유를 원하지만 그 자유가 주는 책임과 불안을 감당하지 못해 도피한다고 했습니다. 그래서 사람들은 조직, 체제, 기술, 규범 속에 자신을 묶고 그것을 편하게 여깁니다. 이러한 통찰은 그의 저서 『자유로부터의 도피』에 자세히 나와 있습니다. 책에서 그는 사람들이 스스로 생각하고 선택하는 능력을 포기하고, 외부의 규범이나 권위에 자신을 맡기는 심리적 메커니즘을 설명합니다.

디지털 환경에서도 이 개념은 놀라울 정도로 유효합니다. 스마트폰은 사용자에게 무한한 정보와 선택지를 제공하는 듯하지만 실제로는 자기감정과 시간을 구조화하는 능력을 약화시키고, 알고리즘과 알림에 의해 반응하는 존재로 만들며, 자율적 선택이 아닌 자동화된 행동을 유도합니다. 이는 프롬이 말한 "자유의 책임을 감당하지 못해 외부에 의존하는 심리"의 디지털적 구현이라 볼 수 있습니다.

스마트폰 중독은 사랑받고 싶어 하는 인간의 고독한 초상입니다. 단순히 기계에 빠진 것이 아니라, 타인의 반응으로 자신을 확인받고 싶어 하는 불안한 자아가 만들어 낸 결과입니다. 스마트폰은 그런 자아에게 즉각적인 보상을 주지만 동시에 진짜 자기를 표현할 용기와 깊이를 잃게 만듭니다. 그런 현대인에게 프롬은 말합니다.

"사랑은 기술이다. 배워야 하고, 연습해야 하며, 실천해야 한다."

중독에서 벗어나는 길은 더 많이 연결되는 것이 아니라, 더 진실하게 마주하는 관계를 회복하는 것입니다. 결국 우리가 회복해야 할 것은 스마트폰 없는 삶이 아니라 자기 자신을 조건 없이 받아 주는 사랑의 관계입니다.

4. 끊임없이 설계된 유혹 : 기술 요인

스마트폰에 과몰입하는 네 번째 요인은 기술 그 자체에 있습니다. 스마트폰 중독은 개인의 선택 문제가 아니라 디지털 설계 기술, 뇌의 보상회로, 사회·심리적 배경 등이 복합적으로 작용하는 다층적 문제입니다. 따라서 단순한 통제 중심의 접근을 넘어 기술 구조에 대한 이해와 뇌과학적 취약성에 대한 교육, 그리고 정서적 대안까지 아우르는 체계적인 대응이 필요합니다.

고등학교 2학년 준호는 처음에 영어 회화 공부 영상을 보기 위해 스마트폰을 켰습니다. 그런데 유튜브 알고리즘은 곧 공부 영상 옆에 짧고 자극적인 숏폼 클립들을 추천하기 시작했습니다. 유명 연예인의 인터뷰, 게임 하이라이트, 유머 영상 등이 자동 재생되었고, 준호는 무심코 그 영상들을 넘기며 시간을 보내는 일이 잦아졌습니다.

처음엔 잠깐만 볼 생각이었습니다. 하지만 손가락은 멈추지 않았고 화면 속 자극은 끊임없이 다음 영상을 보여 주었습니다. 하나의 영상이 15초 내외로 짧고, 언제든 넘길 수 있는 구조였기에 준호의 집중력은 점점 단기 자극에 익숙해졌습니다.

수업 시간에도 머릿속엔 영상 이미지가 떠올랐고, 책보다 화면이 더 익숙하게 느껴졌습니다. 선생님의 설명이 조금만 지루해져도 다음으로 넘기고 싶다는 충동에 사로잡혔습니다. 수업 집중도는 떨어졌고, 독서량도 눈에 띄게 줄었습니다.

집에서는 부모님이 스마트폰 사용 시간을 제한하려 했지만, 준호는 "딱 5분만!"이라며 몰래 화장실이나 침대 이불 속에서 스마트폰을 켰습니다. 스마트폰은 언제든 열 수 있는 '포털'이었고, 그 속은 늘 자신에게 맞춤형 자극을 준비하고 있었습니다.

마침내 준호는 영상 보는 것을 스스로 멈출 수 없게 되었습니다. 이미 사용 습관은 깊게 뿌리내렸고, 알고리즘은 준호의 약점을 정확히 파고들었습니다. 스마트폰은 준호의 일상과 두뇌 패턴을 재설계하는 존재가 되어 있었습니다.

디지털 콘텐츠의 설계 방식은 스마트폰 과몰입에 결정적인 역할을 합니다. 대부분의 애플리케이션과 플랫폼, 특히 SNS와 숏폼 콘텐츠는 사용자의 몰입을 극대화하도록 정교하게 설계되어 있습니다. 단순한 정보 전달을 넘어, 사용자의 감정과 반응을 실시간으로 분석하고 예측하여 더 강한 자극과 보상을 제공하는 구조를 갖추고 있습니다.

알고리즘은 사용자의 취향, 시청 시간, 클릭 패턴을 분석해서 유사한 콘텐츠를 자동으로 추천합니다. 여기에 실시간 알림 기능까지 더해지면서, 사용자는 원하지 않아도 스마트폰에 주의를 빼앗기게 됩니다. 처음에는 단순한 흥미로 접근했더라도 어느새 계획과 무관한 반복적 소비로 이어지고, '의도적 제어' 없이는 사용을 멈추기 어려운 상태로 발전합니다.

더불어 스마트폰은 언제 어디서든 손에 쥘 수 있도록 설계되어 있습니다. 휴대성과 접근성이 뛰어나다는 장점은 오히려 중독 위험을 높이는 요인이 됩니다. 침대 위, 학교 책상, 심지어 화장실에서도 스마트폰은 늘 손이 닿는 거리에 있습니다. 이로 인해 스마트폰은 단순한 도구가 아니라 '일상의 일부'이자 '신체의 연장'처럼 기능하게 됩니다.

디지털 플랫폼의 설계 구조, 스마트폰의 물리적 특성, 그리고 사용 환경이 맞물려 청소년의 과몰입을 유도합니다. 단순히 의지나 노력만으로는 스마트폰 사용을 조절하기 어려운 구조적 조건이 존재하는 것입니다.

철학자 하이데거(Martin Heidegger)는 인간의 기술을 단순한 수단으로 보지 않았습니다. 그는 『기술에 대한 물음』에서 기술을 "세계를 드러내는 방식(Ge-stell)"이라고 정의하며, 기술이 인간의 존재 방식 자체를 재구성한다고 말했습니다. 기술은 단지 무언가를 가능하게 하는 도구가 아니라, 인간이 세계를 인식하고 관계 맺는 방식 그 자체를 바꾸는 힘이라는 것입니다.

이러한 관점에서 보면 스마트폰은 단순한 정보 전달 기기가 아닙니다. 스마트폰과 디지털 미디어는 인간의 시간 감각, 주의력, 관계 형성 방식, 자기 인식의 구조를 바꾸는 존재론적 장치입니다. 우리는 더 이상 자연스러운 방식으로 세계를 경험하지 않습니다. 스마트폰은 사용자의 관심과 행동을 끊임없이 호출하며 알림, 피드, 추천 영상은 인간을 지속적으로 반응하는 존재로 만듭니다.

하이데거는 이러한 상태에 놓인 인간을 가리켜 '자원화된 존재(Zurichtung)'라고 표현했습니다. 즉 기술 시스템의 일부로 작동하는 데이터화된 대상으로 전락하고, 스마트폰을 사용하는 것이 아니라 스마트폰의 논리에 따라 '살아지는' 존재가 되는 것입니다. 그의 말대로 기술은 인간을 재구성하고 그 존재의 방향을 바꾸는 힘을 지니고 있습니다.

철학자 질 들뢰즈(Gilles Deleuze)는 현대 사회를 '통제 사회(Society of control)'라 명명했습니다. 그는 미셸 푸코의 감시 사회 개념을 발전시켜, 감시의 시대에서 자율적이지만 끊임없이 조절되는 사회로의 전환을 진단했습니다. 들뢰즈에 따르면 통제는 더 이상 외부의 강제가 아니라 내면의 반사 작용으로 작동합니다. 우리는 자유롭게 보이지만 실은 끊임없이 조절되고 있습니다.

스마트폰은 자율적으로 사용하는 것처럼 보이지만 알고리즘과 설계 구조는 사용자의 행동을 정교하게 유도합니다. 사용자는 콘텐츠를 선택한다고 믿지만 그 선택은 이미 기술 시스템이 설계한 경로 안에서 이루어집니다. 통제는 외부에서 강제되지 않고, 내부에서 자발적으로 반복됩니다. 들뢰즈는 말합니다.

"통제는 더 이상 외부의 강제가 아니라, 내면의 반사 작용이다."

이제 우리는 질문해야 합니다. "내가 스마트폰을 쓰고 있는가. 아니면 스마트폰이 나를 사용하고 있는가." 이 질문은 단순한 기술 사용의 문제가 아닙니다. 그것은 인간 존재의 방식에 대한 근본적인 성찰이며 철학이 오늘날 우리에게 던지는 가장 시급한 물음입니다.

5. 멈추지 않게 하는 알고리즘 : 기업 이윤 요인

스마트폰 과몰입을 불러오는 다섯 번째 요인은 기업 이윤입니다. 우리가 스마트폰을 통해 접속하는 디지털 세계의 이면에는 사용자의 시선을 더 오래 붙잡고, 더 많이 클릭하게 만들기 위해 정교하게 설계된 기술과 알고리즘이 존재합니다. 그것을 설계한 디지털 플랫폼 기업들은 사용자가 스마트폰을 더 오래 붙잡고 있도록 만들어 이윤을 추구합니다.

1998년에 개봉한 영화 〈트루먼 쇼〉는 이러한 현상을 아주 잘 보여 줍니다. 주인공 트루먼 버뱅크는 미국의 작은 마을에서 평범한 일상을 살아갑니다. 보험회사에 다니며 아내와 친구, 이웃

들과 조용한 삶을 이어 가는 그는 겉보기엔 자유롭고 안정된 삶을 사는 듯 보입니다. 그러나 그 일상은 모두 조작된 연극입니다. 트루먼이 살아가는 마을은 실제 장소가 아니라 거대한 방송용 세트장입니다. 그가 보고 듣는 모든 것 ― 하늘, 구름, 바람, 신문, 광고, 뉴스 등 ― 은 방송을 위한 연출입니다.

트루먼은 세계 최초의 'TV 아기'로 태어나자마자 입양되었고, 그의 삶은 24시간 생중계되는 글로벌 리얼리티 쇼의 중심이 됩니다. 주변 인물들은 모두 배우이며 그는 자신이 진짜라고 믿은 가짜 현실 속에서 살아갑니다.

하지만 시간이 흐르며 점점 이상한 징후들을 감지합니다. 무전기에서 흘러나오는 방송, 죽은 줄 알았던 아버지의 출현, 아내가 반복하는 어색한 대사들까지. 결국 그는 자신이 거대한 기만 속에 있다는 사실을 깨닫고, 진짜 세계를 향해 바다를 건넙니다. 그리고 마침내 가짜 하늘에 숨겨진 벽을 발견하고 그 너머로 나아갑니다.

이 영화가 단지 한 사람의 이야기일까요? 어쩌면 스마트폰을 사용하는 우리 모두의 이야기일지도 모릅니다. 우리는 스마트폰 속 세상, SNS와 미디어 콘텐츠라는 보이지 않는 세트장에서 살아갑니다. 스스로 선택하고 있다고 믿지만 실제로는 알고리즘이라는 '보이지 않는 연출자'가 설계한 피드 속에서 순환합니다. 콘텐츠는 끊임없이 이어지고, '좋아요'와 실시간 피드백은 우리의 감정을 자극하며, 자유로운 의지를 마비시킵니다.

트루먼은 어디든 갈 수 있는 것처럼 보였지만, 그의 세계는 심리적 장벽으로 철저히 통제되어 있었습니다. 물에 대한 공포, 도로 폐쇄, 방송 조작 등은 그의 탈출을 막기 위한 장치였습니다. 스마트폰 중독자들의 현실도 이와 유사합니다. 우리는 스스로 선택하고 있다고 믿지만 알고리즘은 우리의 취향, 행동, 감정까지 예측하고 유도합니다. 사용자는 콘텐츠를 소비하는 것이 아니라 콘텐츠에 의해 소비되는 존재가 되어 갑니다.

특히 청소년은 이 구조에 더욱 취약합니다. 아직 완성되지 않은 자기조절 능력은 기업이 설계한 유혹 앞에 무방비 상태로 노출됩니다. 디지털 플랫폼 기업들은 광고 수익을 극대화하기 위해 사용자의 '주의력'을 자산으로 삼습니다. 누가 더 오래 화면에 머무르게 하느냐가 기업의 성패를 좌우하는 시대입니다. 그 결과 앱과 콘텐츠는 다음과 같은 방식으로 중독 유발 구조를 만들어 냅니다.

- 자동으로 이어지는 피드와 영상
- 도파민을 자극하는 알림과 보상
- 클릭 패턴을 학습한 맞춤형 콘텐츠
- 놀이처럼 설계된 게임화 요소

이 모든 것은 단순한 기술이 아니라 설계된 현실입니다. 스마트폰 앱과 플랫폼은 철저히 이윤 중심의 설계를 기반으로 만들어졌습니다. 사용자의 건강, 수면, 집중력은 고려 대상이 아닙니다. 중요한 것은 단 하나, 화면 앞에 더 오래 머무르게 하는 것입니다. 그리고 그 현실은 우리에게 속삭입니다.

"이게 네 전부야. 여기가 안전해. 벗어나지 마."

하지만 진짜 삶은 그 벽 너머에 있습니다. 트루먼이 바다를 건너 벽을 열었듯 우리에게도 선택권은 있습니다. 스마트폰 중독은 기업의 이윤 추구를 위한 구조적 설계의 결과입니다. 그 구조를 인식하고, 그 너머를 향해 나아갈 때 우리는 비로소 진짜 자유를 향해 항해할 수 있습니다.

이러한 구조는 철학자 테오도어 아도르노(Theodor W. Adorno)의 문화 산업 비판과도 연결됩니다. 그는 "대중문화는 인간의 자율적 사유를 억압한다"라고 말했습니다. 스마트폰 속 콘텐츠는 무한한 듯 보이지만 사실은 알고리즘에 의해 철저히 선별되고 배열됩니다. 사용자는 자신의 선택이라 믿지만 실제로는 시스템이 유도한 감정 흐름과 욕망 궤도를 따라갑니다. 그 결과 비판적 사고는 약화되고, 감정적 소비만 반복됩니다.

미셸 푸코(Michel Foucault)는 현대 권력이 더 이상 물리적 강제가 아니라 규범화된 방식으로 작동한다고 말했습니다. 이런 관점으로 보면 스마트폰은 사용자의 시선과 습관을 조율하는 규범

장치입니다. 사용자는 자발적으로 자신의 위치, 감정, 외모, 소비 내역을 기록하고 공개합니다. 이것은 자유의 표현처럼 보이지만, 실상은 플랫폼이 설정한 규칙을 내면화한 결과입니다. 사용자는 규칙을 인식하지 못한 채 그 규칙을 스스로 실행합니다. 푸코의 분석대로 권력은 더 이상 강압하지 않고 유혹하며 조율합니다.

일찍이 칼 마르크스(Karl Marx)는 자본주의 사회에서 인간이 상품으로 전락한다고 비판했습니다. SNS에서 '좋아요'와 '팔로워 수'는 인간관계를 수치화하고, 교환가치로 환산합니다. 우리는 더 이상 '존재하는 자'가 아니라 '보여지는 자'가 됩니다. 자본주의는 인간을 미디어 속 이미지로 재상품화하며, 감정과 관계마저 시장의 논리로 포획합니다.

정리하자면 스마트폰 과몰입은 기업의 이윤을 극대화하기 위해 정교하게 설계된 시스템의 산물이며, 사용자 한 사람 한 사람의 '주의력'을 자산으로 삼는 자본주의의 새로운 형태입니다. 우리는 콘텐츠를 소비하는 것이 아니라 콘텐츠에 의해 소비되는 존재가 되어 가고 있습니다.

그 과정에서 이윤 중심의 알고리즘은 우리의 감정, 행동, 관계마저 계산 가능한 데이터로 환산하며, 인간의 내면을 시장의 논리로 재편합니다. 청소년은 그 구조에 가장 먼저, 가장 깊이 침투당하기 쉽습니다. 아직 완성되지 않은 자기조절 능력은 기업의 설계된 유혹 앞에서 무방비 상태로 노출되고 있습니다. 따라서 우리는 묻지 않을 수 없습니다.

"이 시스템은 누구를 위해 작동하는가? 나의 시간과 감정은 누구의 이익을 위해 쓰이고 있는가?"

스마트폰 과몰입을 넘어서는 길은 개인의 절제나 결심만으로는 부족합니다. 우리는 이윤 중심의 기술 설계에 대해 비판적으로 사고하고, 사용자 권리와 디지털 웰빙을 위한 집단적 대응을 모색해야 합니다. 교육, 정책, 기술 윤리의 영역에서 새로운 기준과 감시가 필요합니다.

주의력은 인간 존재의 핵심 자원입니다. 우리가 무엇에 집중하고, 어떤 것에 시간을 쓰는가는 곧 우리가 누구인지, 어떻게 살아가는지를 결정합니다. 그런데 이 주의력이 상품이 되는 순간 우리는 더 이상 자유로운 존재가 아닙니다. 선택하는 자가 아니라, 선택당하는 자가 됩니다. 이제 주의력을 되찾아야 할 시간입니다. 그것은 그저 스마트폰을 내려놓는 일이 아닙니다. 나의 삶을 다시 설계하는 일입니다. 내가 무엇을 보고, 무엇을 느끼며, 어떤 관계를 맺고 살아갈지를 다시 묻는 일입니다.

스마트폰 중독은 겉으로 보기에는 자발적 선택처럼 보입니다. 우리는 자유롭게 콘텐츠를 선택하고 소비하고 있다고 믿습니다. 그러나 그 이면에는 사유를 억압하는 대중문화(아도르노), 규범화된 권력의 통제(푸코), 자본주의 시스템이 만들어 낸 교환

가치의 지배(마르크스)가 결합된 복합적 구조가 있습니다. 중독은 개인의 기호(嗜好)를 넘어서는 사회적 조건과 철학적 구조 속에서 반복되고 강화되는 통제의 양상입니다. 우리는 중독의 본질을 직시해야 합니다. 그것은 '자유로운 나'가 아닌 알고리즘과 자본의 욕망에 포획된 나입니다.

이제 우리는 자신에게 물어야 합니다. 내가 왜 스마트폰에 과몰입하는지 생각해야 합니다.

- 감정의 도피처가 되어 주기 때문입니까?
- 습관처럼 반복하는 자동 반응 때문입니까?
- 관계를 유지하고 소속감을 확인받기 위해서입니까?
- 끊임없이 유혹하는 알고리즘과 기술 설계 때문입니까?
- 기업의 이윤 논리에 포획된 '상품'이 되었기 때문입니까?

스마트폰은 나를 어디로 이끌고 있습니까? 그 길은 내가 선택했습니까? 아니면 다른 누군가가 설계한 것입니까?

CHAPTER 5

생각을 지키는 힘, 디지털 감수성과 리터러시

아이에게 필요한 건 해석의 힘입니다. 끌려 가지 않고 판단할 수 있는 능력을 키워야 합 니다. 디지털 감수성과 미디어 리터러시는 그 힘을 키우는 교육입니다. 가정과 학교에 서 실천 가능한 교육적 접근을 제안합니다.

1. 끌려가지 않는 해석의 힘

인공지능으로 정보의 주도권이 넘어가는 시대입니다. 이 상황에서 인간은 더 이상 정보를 '읽는 존재'가 아니라 알고리즘에 의해 '읽히는 존재'가 되었습니다. 스마트폰 화면 속 콘텐츠는 사용자의 감정, 행동, 관계를 예측하고 유도합니다. 인간의 주의력은 자본의 논리에 따라 점차 상품화되고 있습니다. 설계된 몰입 구조에서 선택당하는 소비자로 살아가는 것입니다.

스마트폰 중독은 사회적 조건과 기술적 설계가 결합된 구조적 문제입니다. 자극적인 콘텐츠에 취약한 청소년층은 이 구조에 포섭되어 인지적, 정서적, 신체적 발달에 부정적 영향을 받기가 쉽습니다.

지금 무엇보다 필요한 것은 미디어를 해독하는 힘입니다. 미디어 리터러시는 콘텐츠의 의도와 구조를 분석하고, 자신의 시선과 판단을 회복하는 존재의 기술입니다. 알고리즘 시대에 스마트폰 중독을 예방하는 미디어 리터러시 교육의 철학적 기반과 실천적 방향을 탐색하고자 합니다.

스마트폰은 청소년의 일상과 관계, 학습의 중심에 자리 잡은 디지털 동반자입니다. 하지만 그 편리함 뒤에는 사용자의 주의를 끌고 머무르게 하려는 정교한 설계가 숨어 있습니다. 이제는 사용 제한이나 외적 규제만으로 스마트폰 중독을 해결할 수 없습니다. 스스로 자신의 삶을 인식하고, 감정을 조절하며, 정보를 비판적으로 사고할 수 있는 힘을 길러야 합니다. 플랫폼의 상업적 메커니즘을 이해함으로써 끌려가지 않고 선택할 수 있는 주체로 성장해야 합니다. 미디어 리터러시 교육은 바로 그 힘을 키우는 출발점입니다.

자기 주도적 일상

청소년 스마트폰 중독의 심각성에 비추어 볼 때, 단순히 사용을 금지하거나 규제하는 방식만으로는 한계가 분명합니다. 스마트폰은 이미 청소년의 생활과 학습, 또래 관계의 핵심 매체가 되었습니다. 이를 일방적으로 차단하기란 현실적으로 쉽지 않습니다. 오히려 반발과 역효과를 초래할 수 있습니다.

특히 강압적 통제는 청소년의 자율성과 주체성을 훼손시키고, 은밀한 사용이나 몰입 강화를 유발할 수 있습니다. 따라서 문제의 본질은 사용 유무가 아니라 어떻게 사용하느냐에 있습니다. 이에 따라 최근 교육계와 심리학계에서는 청소년이 스스로 디지털 기기를 비판적으로 수용하고 주체적으로 활용하는 능력을 키워야 한다는 인식이 확산되고 있습니다.

이러한 맥락에서 주목받는 것이 바로 미디어 리터러시(Media literacy) 교육입니다. 미디어 리터러시란 매체에서 전달되는 정보의 성격과 그 이면의 의도, 사회적 영향력을 비판적으로 이해·분석하고, 나아가 주체적으로 활용할 수 있는 능력을 의미합니다. 이는 단순한 정보 습득 능력이 아니라 정보를 판단하고 선택하며 통제하는 능력에 더 가깝습니다.

미디어 리터러시 교육은 원래 TV나 신문 같은 전통 매체 해석 교육에서 출발했지만, 오늘날 디지털 환경의 급변에 따라 개념이 확장되고 있습니다. 디지털 리터러시, 정보 리터러시, 뉴스 리터러시 등의 하위 개념을 포함하며 최근에는 스마트폰과 SNS 활용 역량, 그리고 디지털 시민성(Digital citizenship) 함양까지 포괄하는 방향으로 발전하고 있습니다.

결국 미디어 리터러시 교육은 청소년이 넘쳐 나는 정보와 복잡한 미디어 환경 속에서 비판적으로 사고하고, 현명하게 선택하며, 자기 행동을 통제할 수 있도록 돕는 것입니다. 단순한 기술 습득이 아니라 자기 주도적 삶을 위한 인식과 태도를 기르는 과정입니다.

자기조절 능력과 비판적 사고의 힘

미디어 리터러시 교육은 스마트폰 중독 예방을 위한 실질적이고 지속 가능한 접근법으로, 이론적으로도 강한 정당성을 갖고 있습니다. 실제로 교육 현장에서도 그 효과가 점차 입증되고 있습니다. 미디어 리터러시 교육은 청소년의 자기조절 능력과 비판적 사고를 강화하여, 스마트폰 사용에 대한 내재적 통제력을 길러 주는 데 중요한 역할을 합니다.

스마트폰 과몰입 상태에 있는 청소년에게 단순히 '하지 마라'는 식으로 외적 규제만 하면 일시적인 효과에 그칠 가능성이 큽니다. 오히려 왜 자신이 스마트폰을 반복적으로 사용하는지, 그 이면에 어떤 정서적 필요나 심리적 공백이 있는지를 스스로 성찰하게 하는 접근이 더 중요합니다. 그래야 지속적인 변화로 이어집니다.

이는 인지행동이론(CBT)이나 내적동기이론(Self-determination theory)과도 깊은 관련이 있습니다. 청소년은 외부의 지시에 따라 움직이기보다 자신의 내면에서 이유를 발견하고 행동을 선택할 때 더 깊은 학습과 변화가 일어납니다. 따라서 미디어 리터러시 수업을 통해 자신의 욕구와 감정을 들여다보고, 현재의 매체 사용 습관을 평가하게 하는 활동은 매우 효과적입니다. 이 과정은 무의식적인 중독 행동을 끊고, 의식적이고 목적 있는 사용으로 전환하도록 돕습니다.

예를 들어 체계적인 글쓰기는 자기 생각과 욕구를 들여다보게 하는 활동입니다. 글쓰기를 통해 청소년은 자기표현 능력을 기를 수 있습니다. 이러한 과정에서 청소년은 단지 정보를 받아들이는 수동적 존재에서 벗어나 자신의 경험을 언어화할 수 있습니다. 게다가 타인과 소통하는 주체로 성장하게 됩니다.

이와 같은 비판적 사고와 자기 인식 훈련은 스마트폰의 유혹을 억지로 참는 것이 아니라, 그것을 판단하고 선택할 수 있는 힘을 키우는 방식으로 작용합니다. 이는 곧 미디어 리터러시 교육의 핵심이자 중독 예방의 근본적인 전략이 됩니다.

플랫폼의 상업적 메커니즘 이해

오늘날 대부분의 앱과 플랫폼은 사용자의 시선을 오래 붙잡고 반복 사용을 유도하도록 정교하게 설계되어 있습니다. 사용자의 클릭, 시청 시간, 반응 패턴을 분석하는 상업적 알고리즘은 '주목'을 자산으로 전환하는 데 초점을 맞추고 있습니다. 미디어 리터러시 교육은 이런 디지털 매체의 영향 메커니즘을 청소년에게 이해시키고, 기기의 설계적 유혹(Persuasive design)에 대한 면역력을 길러 주는 데 목적이 있습니다.

청소년이 이러한 구조를 인식하지 못한 채 디지털 기기를 사용할 경우, 자신도 모르게 플랫폼의 통제 안에 들어가게 됩니다. 그러나 미디어 리터러시 교육을 통해 알고리즘의 작동 원리, 미디어 기업의 상업적 의도, 설계의 심리적 유인 구조를 배우게 되면 스마트폰을 비판적으로 바라보는 눈을 갖게 됩니다. 이는 곧 중독성 자극에 대한 감수성을 낮추고 자발적 거리 두기를 가능하게 합니다.

미디어 리터러시 교육은 일종의 디지털 면역 효과를 창출합니다. 예컨대 과거 흡연이나 음주 예방 교육에서 광고와 미디어 메시지의 왜곡을 비판적으로 분석하게 함으로써 실제 행동 변화에 영향을 주었던 것처럼, 스마트폰의 설계 의도를 꿰뚫는 교육 역시 중독 예방에 효과를 발휘합니다.

실제 연구들도 그 효과를 뒷받침하고 있습니다. 한 실험 연구에서는 8주간 모바일 미디어 교육 프로그램에 참여한 청소년의 스마트폰 중독 점수가 대조군에 비해 유의미하게 낮아졌고, 자기조절력 지표는 향상된 것으로 보고되었습니다.[24] 또 다른 해외 무작위 대조 연구에서는 디지털 웰빙 교육을 받은 청소년 집단이 스마트폰 과사용 빈도는 줄고, 수면 시간과 정서 안정도 등 삶의 질 지표는 개선되었다는 결과도 발표되었습니다.[25]

이러한 실증적 근거들은 미디어 리터러시 교육이 디지털 환경 속에서 비판적으로 사고하고 선택할 수 있는 능력을 길러 주는 핵심 보호 요인으로 작용함을 보여 줍니다. 특히 스마트폰 중독의 위험이 점점 심화되는 오늘날, 기기 자체의 유혹에 저항할 수 있는 사고의 힘을 길러 주는 교육은 반드시 병행되어야 할 예방 전략입니다.

2. 주체성과 내면을 지켜 내는 교육

청소년의 스마트폰 과몰입 문제가 사회적 우려로 대두되면서, 미디어 리터러시 교육은 개인의 습관 교정을 넘어선 공공의 책임이자 국가적 과제로 인식되고 있습니다. 정부는 2015년부터 학교 정규 교육과정에 인터넷·스마트폰 중독 예방 교육을 포함하도록 권고하고 있으며 초중고 전 학년에 걸쳐 학기당 2회 이상, 연간 10시간 이상의 예방 교육을 실시하도록 하고 있습니다.

이런 교육은 단순한 정보 전달을 넘어 체험과 활동 중심의 구성을 통해 청소년이 스스로 문제를 인식하고 능동적으로 참여할 수 있도록 설계되어 있습니다. 이는 청소년의 주체성과 내면을 지켜 내기 위한 교육적 실천입니다.

디지털 시민의 정보 격차 해소

정부는 디지털 교육의 효과를 높이기 위해 소프트웨어 수업이나 정보 통신 윤리 교육과 연계하여, 디지털 리터러시 요소를 포함한 통합 교육을 강화하고 있습니다. 이를 통해 학생들이 기술의 구조뿐 아니라 그 사회적 영향까지 함께 이해할 수 있도록 돕고 있습니다.

질병관리청 역시 디지털 교육의 중요성을 공식적으로 언급하며, 학교 현장에서 스마트폰 중독을 조기에 발견하고 예방할 수 있도록 정규 교육과정 내 리터러시 교육의 포함을 권고하고 있습니다. 이는 청소년의 정신 건강과 공공 보건의 관점에서 미디어 교육을 바라보는 국가적 시각을 반영한 것입니다.

국제기구들도 같은 흐름을 보이고 있습니다. 유네스코는 각국 정부에 디지털 시대에 적합한 교육 정책을 권고하며, 청소년을 디지털 시민으로 양성할 것을 강조하고 있습니다. 여기서도 핵심 전략으로 미디어 리터러시 교육이 제시되고 있으며, 이는 정보 격차 해소와 온라인 위험 예방을 위한 핵심 수단으로 인식되고 있습니다.

이처럼 미디어 리터러시 교육은 청소년을 능동적이고 책임 있는 미디어 소비자로 성장시키는 데 기여하며, 동시에 스마트폰 중독을 사전에 예방하는 효과적인 사회적 해법으로 작용하고 있습니다. 이론과 연구, 정책과 국제적 흐름이 모두 이를 지지하고 있는 만큼 이제는 가정과 학교에서의 실질적인 실천이 절실히 요구됩니다.

아동·청소년 SNS 규제 강화

최근 전 세계적으로 아동과 청소년의 SNS 사용을 제한하려는 움직임이 본격화되고 있습니다. 스마트폰 과몰입, 정신 건강 악화, 개인정보 유출, 유해 콘텐츠 노출 등의 문제가 심각해지면서 각국 정부는 SNS 이용 연령 제한을 법제화하며 디지털 시대의 아동 보호에 나서고 있습니다.

가장 강력한 조치를 취한 국가는 호주입니다. 호주 정부는 2024년 11월, 만 16세 미만 아동과 청소년의 SNS 이용을 전면 금지하는 법안을 통과시켰습니다. 이 법은 부모의 동의 여부와 관계없이 16세 미만 청소년이 인스타그램, 틱톡, 페이스북, 스냅챗, 레딧, X 등 주요 플랫폼에 접속하는 것을 금지합니다.

해당 법안은 2025년 1월부터 시범 운영에 들어갔으며 같은 해 12월부터 정식 시행될 예정입니다. 위반한 플랫폼에는 최대 수십억 원에 달하는 과징금이 부과됩니다. 이 조치는 세계 최초의 포괄적 SNS 연령 금지법으로 국제적 주목을 받고 있습니다. 호주뿐만 아니라 유럽의 국가들도 SNS 사용 연령 제한을 강화하고 있습니다.

- 이탈리아는 2024년 9월부터 학교 내 스마트폰 사용을 전면 금지하고, 태블릿과 컴퓨터는 특정 조건하에서만 허용하는 엄격한 규정을 시행하고 있습니다.
- 노르웨이는 15세 미만 청소년의 SNS 사용을 금지하는 법안을 준비 중이며, 이는 디지털 플랫폼이 아동의 인지 발달과 뇌

건강에 해를 끼칠 수 있다는 연구 결과를 반영한 것입니다.

- 프랑스는 2023년부터 15세 미만 청소년의 SNS 가입 및 이용 시 부모의 동의를 필수적으로 요구하는 제도를 도입했습니다.
- 독일은 EU 차원의 연령 인증 시스템을 기반으로, 16세 미만 청소년이 부모 동의 없이 SNS에 접근하는 것을 제한하고 있습니다.
- 네덜란드는 2024년부터 초등학교 및 특수학교에서 스마트폰, 태블릿, 스마트워치 등의 사용을 금지하고 있으며, 이는 학생들의 집중력 향상과 학업 성취도 제고를 목표로 한 조치입니다.

그 밖에도 유럽 전역에서 아동의 디지털 권리를 보호하기 위한 통일된 정책 기조가 점차 강화되고 있습니다. 한편 미국은 주 단위로 아동 보호 입법이 추진되고 있습니다. 대표적으로 두 곳만 살펴보면 다음과 같습니다.

- 조지아주는 2024년 4월, 16세 미만 청소년의 SNS 가입 시 부모 동의를 반드시 거치도록 규정한 법안을 통과시켰습니다.
- 플로리다주는 2024년 3월, 14세 미만 청소년의 SNS 사용을 전면 금지하고 14~15세 청소년은 부모 동의가 있을 경우에

만 이용할 수 있도록 법제화했습니다. 이 법은 2025년 1월 부터 시행될 예정이며, 아동 정신 건강과 디지털 중독 문제에 대응하는 예방 중심의 조치로 평가받고 있습니다.

이처럼 각국은 단순한 기술적 접근이나 교육적 권고를 넘어 법과 정책적 차원에서 아동과 청소년을 보호하려는 강력한 의지를 보여 주고 있습니다. 특히 연령 기반 규제와 부모 동의 시스템을 병행하는 모델이 보편화되고 있으며, 이는 플랫폼 기업의 책임을 강화하고 청소년의 디지털 환경을 공공 정책의 대상으로 전환하려는 흐름으로 볼 수 있습니다.

결국 SNS 연령 제한 법안은 청소년을 미디어 소비의 수동적 객체가 아니라, 보호와 안내가 필요한 발달 단계의 존재로 인식하는 새로운 패러다임을 반영하고 있습니다. 디지털 권리와 자유의 보장이라는 시대적 요청 속에서, 아동·청소년의 심리적 발달과 사회적 안전망을 병행해 구축하려는 국제적 합의가 확산되고 있습니다.

3. 미디어 리터러시, 어떻게 해야 하나?

청소년의 스마트폰 과몰입 문제를 해결하기 위해, 국내외에서는 다양한 미디어 리터러시 교육 프로그램과 캠페인이 시행되고 있습니다. 사용 규제나 기술적 차단보다는 교육과 예방 중심의 접근이 보다 효과적인 해법으로 주목받고 있습니다.

하루 동안 스마트폰 없이 지내기

우리나라는 교육부와 관계 부처를 중심으로 정규 수업 및 특별 활동 시간에 인터넷·스마트폰 중독 예방 교육을 도입하고 있으며, 학교 현장에서 실천 가능한 교수 자료와 프로그램도 꾸준히 개발되고 있습니다. 지방자치단체 및 민간단체와의 협력 체계를 통해 실질적인 교육 콘텐츠가 보급되고 있다는 점도 주목할 만합니다.

대표적인 기관으로는 한국지능정보사회진흥원(NIA) 산하 스마트쉼센터가 있습니다. 이 센터는 유아, 아동, 청소년, 성인, 학부모 등 다양한 연령과 역할군을 대상으로 맞춤형 과몰입 예방 교육 콘텐츠를 지속적으로 개발 배포하고 있습니다. 교육의 이론성과 현장 적용 가능성을 동시에 고려한 설계가 특징입니다.

특히 〈인터넷·스마트폰 레몬교실〉은 초등학생을 위한 대표적 프로그램으로 주목받고 있습니다. 이 프로그램은 게임형 활동과 체험 중심의 수업 구성을 통해 아이들이 올바른 스마트폰 사용법과 자기조절 전략을 자연스럽게 익히도록 돕습니다. 예를 들어 교사가 제공하는 레몬 카드에는 "하루 동안 휴대폰 없이 지내기"와 같은 미션이 적혀 있으며, 학생들은 이를 수행하면서 스마트폰 없이도 즐거운 일상을 누릴 수 있다는 사실을 깨닫게 됩니다. 단순한 이론 전달에 그치지 않고 경험을 통한 내면화를 추구하는 교육 방식입니다.

또한 〈WOW 건강한 멘토링〉 프로그램은 대학생 멘토와 청소년을 일대일로 연결하여 독서, 운동, 음악 활동 등 다양하고 건전한 여가 활동을 함께 하도록 유도합니다. 이러한 멘토링은 또래 압력보다는 역할 모델 기반의 관계 형성을 통해, 스마트폰 밖에 있는 삶의 즐거움을 체험하게 합니다. 멘토와의 상호작용은 청소년의 자존감 회복과 자기 효능감 향상에도 긍정적인 영향을 미칩니다.

이 같은 활동 중심의 예방 교육은 청소년의 참여 동기를 높이고, 행동 변화를 효과적으로 유도하는 것으로 평가됩니다. 참여자 중심의 교육은 단기적으로는 과몰입 문제를 줄이고, 장기적으로는 디지털 기기를 올바르게 활용하는 자기조절 능력과 미디어 비판력을 기르는 데 기여합니다.

청소년의 스마트폰 사용은 '얼마나 사용했는가'보다 '어떻게 사용하는가'가 더 중요한 문제입니다. 따라서 스마트폰 과몰입 예방을 위한 교육은 금지와 단속을 넘어서, 삶의 구조와 습관을 변화시키는 총체적 개입이 되어야 합니다.

우수 사례 공모전

스마트폰 과몰입 문제에 대응하기 위한 미디어 리터러시 교육이 학교 현장에서 활발히 진행되고 있으며 긍정적인 사례들이 점차 축적되고 있습니다. 이러한 흐름은 형식적 프로그램을 넘어 학생과 학부모가 함께 참여하는 현장 기반의 체험형 교육으로 진화하고 있습니다.

교육부가 주최한 스마트폰 과몰입 예방 교육 우수 사례 공모전에서는 여러 학교와 기관들이 창의적이고 실천적인 교육 프로그램을 선보였습니다. 그중 주목할 만한 사례로는 '인터넷 휴(休)요일' 캠페인이 있습니다. 이 캠페인은 매주 하루를 지정하여 전교생이 등교부터 하교까지 스마트폰 전원을 완전히 끄고 지내는 날을 운영하는 것입니다. 학생들은 처음에는 스마트폰 없이 보내는 하루에 불안함을 느끼지만 곧 친구들과의 대화, 놀이, 직접적인 상호작용을 통해 스마트폰 없이도 즐거움이 가능하다는 경험을 하게 됩니다.

실제로 참여한 학생들은 "오랜만에 친구와 눈을 맞추고 대화해서 좋았다", "집에서도 가족과 보드게임을 했다"라는 소감을 밝히며, 이 같은 디지털 디톡스 활동이 또래 관계 회복과 자기 성찰에 도움이 되었다는 평가를 내렸습니다. 이 프로그램은 비디지털 환경 속의 대안적 경험을 제공했다는 점에서 교육적 효과가 매우 높았다는 평가를 받고 있습니다.

또 다른 사례로는 학부모와 함께하는 미디어 리터러시 수업이 있습니다. 일부 학교에서는 학부모를 수업에 초청하여 자녀와 함께 스마트폰 사용 실태를 점검하고, 부모와 자녀가 한 팀이되어 스마트폰 사용 규칙을 만드는 활동을 진행했습니다. 이 과정에서 가족 구성원은 가정 내 디지털 환경을 점검하고, 실천 가능한 계획을 함께 세웠습니다. 이 프로그램은 학교 교육과 가정지도의 연계를 강화하는 효과를 가져왔으며, 학부모들 역시 교육의 필요성과 자녀와의 소통 방식을 새롭게 인식하는 계기가되었다는 평가를 받았습니다.

이러한 사례들은 단지 이론을 전달하는 데 그치지 않고, 학생개개인의 행동 변화와 가족 시스템의 참여까지 포함하는 통합적예방 교육이 가능하다는 것을 입증합니다. 스마트폰 과몰입은단순한 기술 사용 문제가 아닌 삶의 리듬과 관계의 구조를 바꾸는 문제인 만큼 학교와 가정, 지역사회가 함께 협력하는 구조적대응이 필요한 시점입니다.

4. 교실에서 가능한 디지털 교육

청소년의 스마트폰 과몰입 문제에 대응하기 위한 교육적 접근은 정규 교과 속에 미디어 리터러시를 통합하는 방향으로 확산되고 있습니다. 이는 지속 가능하고 체계적인 디지털 교육 기반을 마련하려는 움직임으로 평가됩니다.

공교육에 포함된 리터러시

교육부는 미디어 리터러시를 국가 교육 체계 안에 본격적으로 반영하고 있습니다. 2022년 개정 교육과정에서는 미디어 리터러시를 시민성 교육의 주요 요소로 정의하고, 이를 국어, 사회, 미술 등 다양한 교과에 통합하도록 지침을 마련했습니다.

초등학교와 중학교 교육과정에는 정보, 국어, 사회, 미술 등의 교과를 중심으로 디지털 미디어 이해, 정보 판별, 콘텐츠 제작 등의 주제가 체계적으로 포함되어 있습니다. 특히 국어과에서는 매체 영역이 독립된 단원으로 편성되었고, 사회와 미술 교과에서도 디지털 기반 자료 해석과 미디어 표현 활동이 주요 학습 목표로 제시되고 있습니다.

정규 교과 수업 외에도 자유학기제나 창의적 체험 활동 시간에는 미디어 관련 융합 프로젝트 수업이 활발히 진행되고 있습니다. 학생들은 이 과정에서 디지털 정보의 수용과 해석, 온라인 윤리, 미디어 제작 경험을 실천적으로 배우며 협력과 토의를 통해 비판적 사고와 자기조절 역량을 함께 기르게 됩니다.

일부 교육청에서는 스마트폰 과몰입을 예방하기 위해 수업 시간 동안 스마트폰 사용을 제한하는 기술 기반의 시스템을 도입하기도 했습니다. 이는 학생들의 학습 집중력을 높이고, 수업 환경을 정돈하기 위한 실용적 대응으로 평가받고 있습니다.

이처럼 한국은 미디어 리터러시를 단순한 보조적 교육이 아니라 정규 교육과정 내 핵심 요소로 자리매김시키고 있습니다. 이는 학생들이 디지털 사회에 능동적으로 참여하고, 책임 있는 미디어 사용자로 성장할 수 있도록 돕기 위한 교육 정책적 전환으로 이해할 수 있습니다. 그리고 이러한 변화는 실제 현장에서 일어나고 있습니다.

일부 중학교에서는 정보 과목 시간에 '디지털 리터러시' 단원을 별도로 편성하고 있습니다. 이 단원에서는 학생들이 스마트폰 사용 계획표를 직접 설계하거나, 중독 자가 진단 테스트를 실습해 보는 활동이 포함됩니다. 이를 통해 학생들은 자신의 스마트폰 사용 습관을 객관적으로 돌아보고, 일상 속에서 중독 징후를 자각하는 기회를 얻게 됩니다. 수업에서는 개별 분석 결과를 바탕으로 학생들 간 토의와 피드백이 이루어지며, 문제 해결을 위한 협력적 사고 훈련도 함께 진행됩니다.

고등학교에서도 창의적 체험 활동 시간을 활용한 미디어 리터러시 교육이 시도되고 있습니다. 한 고등학교에서는 1학년 학생들을 대상으로 '스마트폰 바른 사용' 프로젝트 수업을 운영했습니다. 학생들은 조별로 주제를 정하고 스마트폰이 학습 집중도에 미치는 영향, 수면 패턴의 변화, 가족 간 대화 시간 감소 등의 내용을 중심으로 2주간 사용 일지를 작성하고 데이터를 분석했습니다. 이후 각 조는 조사 결과를 정리하여 전교생 앞에서 발표했고, 동료 평가와 피드백을 통해 공동 학습 효과도 얻을 수 있었습니다.

이러한 실천 중심의 교육 방식은 학생들로 하여금 단순히 정보를 습득하는 데 그치지 않고, 자신의 삶과 태도를 성찰하고 행동으로 옮기도록 유도하는 효과를 보이고 있습니다. 친구들의 실제 경험과 변화를 공유한 발표 활동은 스마트폰 사용의 폐해를 피부로 느끼게 하며, 자발적으로 사용 시간을 줄이기 위한 실천 계획 수립으로 이어졌다는 평가를 받고 있습니다.

미디어 리터러시 교육은 교실 안에서 이루어질 때 가장 강력한 영향력을 발휘합니다. 정규 교과 속에서 디지털 행동을 성찰하고, 협력적으로 해결책을 찾는 과정은 인식 전환과 삶의 구조적 변화로 이어지는 실천적 배움으로 작동합니다. 이는 스마트폰 과몰입 문제에 대응하는 교육 현장의 의미 있는 전환점이 되고 있습니다.

물론 이러한 교육이 학교에서만 이루어져서는 충분하지 않습니다. 일부 대안 학교에서는 휴대폰을 아예 학교에 가져오지 못하게 하는 등 강력한 규제를 시행하고 있지만, 가정에서는 방치되는 경우도 적지 않습니다. 실제로 한 학교에서는 '왜 스마트폰과 미디어를 가정에서도 절제하고, 부모가 함께 케어해야 하는

가'에 대한 자료를 요청한 바 있습니다. 학교 내 교육뿐 아니라 가정에서도 스마트폰 절제에 대한 부모의 동의와 실천이 병행될 때, 미디어 교육은 더욱 효과적으로 이루어질 수 있습니다.

핀란드 다중문해력 역량

미디어 리터러시 교육을 정규 교육과정에 일찍부터 통합한 나라들이 주목받고 있습니다. 그중 대표적 사례는 핀란드입니다. 핀란드는 정보사회 대응을 위한 교육 혁신의 선도국으로, 학교 교육과정 전반에 미디어 교육을 체계적으로 반영한 국가로 평가받고 있습니다.[26]

핀란드에서는 초등 교육 단계부터 '다중문해력(Multiliteracy)' 역량을 핵심 교육 목표 중 하나로 설정하고 있습니다. 다중문해력은 단순히 문자 해독 능력에 국한되지 않고 시각·디지털·정보·미디어 문해력 등 다양한 매체 환경에서 의미를 해석하고, 책임 있게 활용할 수 있는 복합적 이해 능력을 의미합니다. 이에 따라 학생들은 일찍부터 디지털 미디어의 작동 방식, 정보의 출처와 신뢰성 평가, 온라인 윤리와 표현의 자유 등에 대해 교육받고 있습니다.

또한 핀란드는 스마트폰의 수업 방해 문제에 대응하기 위해 구체적인 지침을 도입하고 있습니다. 최근에는 전국적인 권고안을 통해 수업 중 학생들의 스마트폰 사용을 제한하도록 하는 학교 정책이 마련되었습니다. 이 조치는 학습 집중도를 높이고 교사 학생 간 직접적인 상호작용을 회복하려는 교육적 목적을 지니고 있습니다.

이처럼 핀란드는 미디어 리터러시 교육과 스마트폰 관리 정책을 상호 보완적으로 운영함으로써, 디지털 시대에 필요한 비판적 사고와 자기조절 능력을 동시에 길러 내는 데 주력하고 있습니다. 학생들을 단순한 기술 소비자가 아니라 책임 있는 디지털 시민으로 성장시키기 위한 종합적 교육 철학이 뒷받침되고 있습니다.

미국에서는 비영리단체 커먼 센스 미디어(Common sense media)가 개발한 디지털 시민성 교육 프로그램이 전국의 초중고교에서 폭넓게 활용되고 있습니다. 이 프로그램은 청소년의 디지털 역량을 균형 있게 기르기 위한 목적으로 구성되었으며 스크린 시간 관리, 온라인 안전, 사이버 불링 대처, 개인정보 보호 등 다양한 주제를 포함하고 있습니다. 학생들이 기술을 무조건적으로 수용하거나 거부하는 것이 아니라 디지털 도구의 장단점을 비판적으로 이해하고 책임 있게 사용하는 태도를 기르도록 돕습니다.

대표적인 캠페인 사례로는 '디바이스 없는 저녁 식사(Device-free dinner)' 챌린지가 있습니다. 이 캠페인은 학생과 가족이 하루 중 최소한 식사 시간만큼은 스마트폰을 치우고, 대화를 통해 관계를 회복하는 기회를 갖도록 장려하는 활동입니다. 이를 통해 교실 교육을 넘어 가정 내 생활 습관 개선으로 이어지는 확장 효과가 나타나고 있습니다. 미국 교육 현장에서는 이러한 참여형 캠페인이 청소년의 자기 성찰과 미디어 사용 습관 개선에 효과적이라는 평가를 받고 있습니다.

그 밖에도 전 세계적으로 청소년 대상 미디어 리터러시 교육은 교실 수업, 창의적 체험 활동, 방학 중 캠프, 또래 프로젝트, 가정 연계 프로그램 등 다양한 방식으로 운영되고 있습니다. 일부 중독 위험이 높은 청소년에게는 전문 상담과 병행하는 치유 캠프나 치료적 개입이 제공되기도 합니다. 하지만 무엇보다 중요한 것은 예방 중심의 접근과 저변 확대입니다.

정기적이고 체계적인 교육이 학교 현장에서 일관되게 실시되어야 합니다. 지역사회가 청소년에게 건강한 여가 활동 기회와 디지털 대안 문화를 제공할 때, 스마트폰 과몰입 문제는 실질적으로 완화될 수 있습니다. 또한 또래 간 긍정적인 미디어 활용 문화를 형성하는 것도 매우 중요한 예방적 자산이 될 것입니다.

금지 규제 이상의 접근

청소년 대상 미디어 리터러시 교육은 오늘 우리가 당면한 시급한 문제입니다. 문제는 제대로 미디어 중독과 리터러시를 접하지 못하기 때문입니다. 다행스럽게도 미디어 리터러시 교육 효과는 학습이나 이론에 머물지 않고, 다양한 실증 연구를 통해 행동 변화와 정서 안정에 긍정적 영향을 미치는 개입 전략임이 입증되고 있습니다. 이러한 연구와 학습 결과들은 실생활에서 스마트폰 과몰입 문제를 실질적으로 완화할 수 있음을 보여 줍니다.

예를 들어 중학생을 대상으로 8주간의 스마트폰 중독 예방 교육 프로그램을 적용한 결과가 보고되었습니다.[27] 해당 연구에서는 실험 집단과 비교 집단을 나누어 교육 효과를 분석했으며, 교육을 받은 학생들의 스마트폰 중독 점수가 유의미하게 감소한 것으로 나타났습니다. 이는 스마트폰 사용 습관과 행동에 실질적인 변화가 일어났음을 시사합니다.

또한 이탈리아에서 실시된 모바일 미디어 교육 프로그램의 무작위 대조 실험(Randomized controlled trial)에서도 교육을 받은 청소년이 하루 평균 스크린 타임이 줄고, 수면 시간이 늘었으며, 중독 고위험군 비율이 감소한 것으로 나타났습니다. 이는 잘 설계된 미디어 교육이 신체 리듬과 삶의 질 전반에 긍정적 변화를 유도할 수 있음을 보여 주는 대표적 사례입니다.

미디어 리터러시 교육은 스마트폰 사용을 줄이는 데 그치지 않습니다. 청소년이 디지털 세계 밖에 있는 실제 세계와의 관계를 회복하고, 재구성하도록 돕는 데 의의가 있습니다. 이렇듯 스마트폰 과몰입이라는 복합적 문제에 대응하기 위해서는 단속과 금지 규제 이상의 접근이 필요합니다. 체계적인 교육 개입이 가장 지속 가능하고 효과적인 수단 중 하나임을 우리는 확인하고 있습니다.

5. 미디어 중독 가이드 자료

1. 스마트폰 및 미디어 중독의 정의

청소년의 42.6%가 과몰입 위험군에 속하며 이는 다른 연령대에 비해 가장 높은 수치이다. 또한 청소년 응답자의 56.5%는 스마트폰을 주기적으로 확인하지 못하면 불안을 느끼며, 65%는 배터리가 부족해질 경우 초조함을 느낀다고 응답했다.

(2024년 질병관리청의 스마트폰 과몰입 실태 조사)

이처럼 스마트폰과 디지털 미디어 중독은 개인의 습관 문제가 아니라, 다음 세대를 보호하기 위한 사회·교육적 대응이 절실한 시대적 과제가 되고 있다.

스마트폰과 디지털 미디어는 이제 청소년의 일상생활, 학습, 관계 형성에 있어 필수적인 도구로 자리 잡았다. 그러나 그 이면에는 중독, 과몰입, 정서 불안, 수면 장애 등 다양한 부작용이 존재하며 이는 심각한 사회 문제로 대두되고 있다.

학부모와 교사라면 이러한 실태를 정확히 인식하고, 교육적 접근과 가정 내 실천 방안을 함께 고민해야 할 시점이다. 단순한 사용 제한이나 기술적 차단을 넘어, 청소년 스스로 자신의 사용 습관을 성찰하고 조절할 수 있도록 돕는 미디어 리터러시 교육이 핵심 전략으로 떠오르고 있다.

중독의 정의 및 주요 증상

스마트폰 중독이란 기기를 과도하게 사용한 결과로 내성과 금단 증상이 발생하고, 일상에 지장을 주는 상태를 뜻한다. 사용 시간은 점점 늘어나고, 특별한 목적 없이도 습관적으로 기기를 확인하며, 일시적 미사용 시 불안이나 초조함을 겪는 특징이 있다. 이로 인해 학업 저하, 수면 부족, 인간관계 단절 등 다양한 부작용이 나타난다. 현실보다 온라인 환경을 더 편안하게 여기는 성향도 두드러진다.

미디어 중독은 스마트폰을 포함해 TV, 인터넷, 게임, SNS 등 디지털 매체 전반에 대한 과몰입을 의미한다. 오랜 시간 노출될수록 사용자는 통제력을 상실하고, 삶의 균형이 무너진다.

중독의 원인과 위험 요인

스마트폰 중독의 가장 큰 원인은 기기의 설계 구조 자체가 중독을 유발하도록 되어 있다는 점이다. 알림, 좋아요, 보상 자극 등은 뇌의 쾌락 중추를 자극해 도파민 중독을 일으킨다. 여기에 스트레스, 고립감, 충동 조절 부족, 또래 집단의 영향 등이 더해지며 중독 위험은 더욱 높아진다.

특히 청소년은 자기조절 기능이 미성숙하고 또래 문화에 민감하여 중독에 더 취약하다. 코로나19 이후 비대면 환경이 일상화되면서 미디어 노출 시간도 급증했다. 전문가들은 단순히 '중독'이라는 낙인을 찍기보다 올바른 기술 사용 교육이 선행되어야 한다고 지적한다.

2. 통계로 본 현실

최근 통계에 따르면 전체 인구의 약 23%가 스마트폰 과몰입 위험군에 해당되며, 청소년의 경우 약 40%가 위험 수준이다. 유아와 성인도 각각 25%, 22% 수준으로 적지 않은 수치를 기록했다. 이 수치는 자녀 세대 10명 중 4명이 중독 위험에 놓여 있음을 뜻한다.

청소년 대상 진단 조사에서는 매년 20만 명 이상이 과몰입 위험군으로 분류되고 있으며, 해외에서는 절반 이상의 성인이 자신을 스마트폰 중독자로 인식하고 있다. 하루 4시간 이상 사용하는 아동·청소년도 60%를 넘으며, 절반 이상은 자정 이후까지 스마트폰을 사용하는 실정이다.

이로 인해 수면 부족, 집중력 저하, 우울감, 사회성 약화 등의 문제가 뒤따르며, 중독 문제는 단순한 개인 습관을 넘어 교육, 건강, 관계 전반에 영향을 미치는 구조적 문제로 확산되고 있다.

3. 교육적 예방 접근

미디어 리터러시 교육

학교에서 이루어지는 미디어 리터러시 교육은 단순한 '기기 사용법'이 아니다. 콘텐츠의 분석·판단·활용 능력을 길러 주는 통합 교육이다. 이는 디지털 환경에서 학생들이 능동적이고 비판적인 소비자이자 생산자로 성장하도록 돕는다.

① 핵심 교육 내용

- 유해 콘텐츠 식별 능력을 갖추기.

- 가짜 뉴스, 폭력·음란 콘텐츠, 혐오 표현 등을 구별하기.

- 건강한 SNS 사용법 배우기.

- 미디어 에티켓, 개인정보 보호, 사이버 폭력 대처법을 익히기.

- 가상과 현실의 차이를 인식하기.

- 게임 중독 예방 및 과금 시스템 이해하기.

② 실제 수업 예시

- 초등학생 대상으로 '디지털 주권'이라는 주제로 토론 수업을 진행하여, 스마트폰 중독이 자신의 삶에 어떤 영향을 미치는지 토의하게 한다.

- 초등학교 고학년 대상 '디지털 발자국' 만들기 활동: 본인의 온라인 행동이 어떤 흔적을 남기는지 시각적으로 표현해 보는 활동을 한다.

③ 교육 목적

단순히 '하지 말라'는 금지 중심 교육에서 벗어나, 학생 스스로 올바른 미디어 소비 습관을 선택할 수 있도록 비판적 사고력과 자기조절력을 함양하는 데 있다.

학교-가정 연계 프로그램

스마트폰 및 미디어 중독은 학교에서만 다룰 수 있는 문제가 아니며, 가정과의 연계된 협력 체계가 필수적이다. 이를 위해 현재 우리나라에서는 법과 제도적 기반 아래 예방 교육이 정기적으로 시행되고 있다.

① 관련 법령

지능정보화 기본법 제29조에 따라, 모든 초중고교는 매 학기 1회 이상 스마트폰 및 인터넷 중독 예방 교육을 의무적으로 시행해야 하며, 유치원·대학교도 연 1회 이상 해당 교육을 진행해야 한다.

② 학교 차원의 실천

- '스마트폰 이용 실태 진단 검사'를 통해 학생의 과몰입 정도를 파악하고, 고위험군에게는 상담 교사, 전문 기관을 연계한다.
- 디지털 클린 캠페인 주간 운영: 전교생 대상 스마트폰 없는 하루 운영, '기기 없이 살아 보기' 챌린지를 진행한다.

③ 가정 연계 사례

- 학부모 대상 디지털 부모 교육: 자녀의 스마트폰 사용 지도 방법, 부모의 언행 일치 원칙, 미디어 갈등 해결 대화법 등을 강의한다.
- 부모 자녀 참여형 프로그램: '가족 디지털 약속문 만들기' 워크숍을 통해 부모와 자녀가 함께 작성한 계약서를 집에 붙여 실천한다.

④ 대표 프로그램

- 가족 치유 캠프(여성가족부 주관): 부모와 자녀가 함께 2박 3일간 스마트폰 없는 환경에서 지내며 상담사와 대화법 훈련, 스트레스 관리, 감정 코칭 등을 배우고 가족 유대감을 회복하는 프로그램이다. (2016년 기준 연 800가정 참여, 프로그램

이후 가족 간 대화 시간 증가, 스마트폰 사용 시간 감소가 보고되었다.)

– 청소년 스마트쉼센터 연계 치유 프로그램: 고위험군 학생을 지역 스마트쉼센터로 연계해 일대일 맞춤형 상담과 행동 치료를 병행한다.

4. 가정에서 할 수 있는 실천 전략

가정 내 디지털 규칙 설정

① 부모와 자녀가 함께 '가족 미디어 계획'을 수립한다.

② 계획 항목: 사용 가능 시간, 금지 시간, 사용 장소 등.

③ 실천 방법: 가족 모두가 동의한 규칙을 눈에 잘 띄는 곳에 부착한다.

④ 추천 규칙:

– 식사 시간 및 취침 전 1시간은 '미디어 프리' 시간으로 지정한다.

– 침실, 화장실, 공부방에는 스마트폰을 두지 않도록 한다.

– 주말 저녁은 '디지털 디톡스 타임'으로 지정하여 가족 활동을 한다.

※ 부모 참여 필수: 자녀는 부모의 태도를 기준 삼아 행동한다.

연령별 스크린 타임 기준 준수

① 자녀의 연령과 발달 단계에 따라 사용 시간과 콘텐츠를 조정한다.

② 영유아기(0~5세): 가능한 한 스크린 노출을 피해야 한다.

③ 학령기~청소년: 시간뿐 아니라 콘텐츠의 질과 사용 목적도 고려해야 한다.

※ 예: 교육용 콘텐츠 vs 게임·SNS / 숙제 후 사용 등.

디지털 이용 계약 체결

① 가족이 함께 '디지털 이용 계약서'를 작성한다.

② 계약 항목 예시:

- 사용 시간: 평일 1시간, 주말 2시간.

- 금지 시간대: 밤 9시 이후 미사용.

- 허용 콘텐츠: 유튜브 키즈, 교육 앱(폭력·선정성 콘텐츠 금지).

- 온라인 예절: 욕설 금지, 개인정보 보호, 댓글 에티켓 등.

③ 계약 목적: 강압이 아니라 자녀의 자기결정권과 책임감을 존중하는 데 있다.

④ 관리 방법: 정기적인 리뷰 및 재계약을 통해 자녀의 변화에 맞춰 조정한다.

건강한 대화와 감정 공유

① 일방적 통제보다 공감과 질문 중심의 대화가 효과적이다.

※ 예: "요즘 어떤 유튜브 채널이 재미있니?" "그 게임의 어떤 점이 좋아?" 등.

② 효과:

- 감정을 이해받고 존중받는다고 느끼면 규칙을 더 쉽게 받아들인다.

- 위험 신호(불안, 폭력적 콘텐츠 노출 등)를 조기에 파악할 수 있다.

- 미디어 교육과 비판적 사고 훈련이 일상 대화 속에서 이루어진다.

대안 활동 마련

① 금지보다 '할 수 있는 것'을 제시하는 방식이 더 효과적이다.

② 추천 활동:

- 방과 후 체육, 그림 그리기, 동물 돌보기, 자전거 타기 등.

- 가족 활동: 캠핑, 자연 탐방, 도서관 나들이 등.

- 효과: 놀이와 신체 활동은 스트레스 해소와 사회성 향상에 긍정 영향을 준다.

부모의 모범

① "아이는 부모의 거울이다"라는 말처럼, 부모의 미디어 사용 습관이 자녀에게 결정적인 영향을 미친다.

② 실천 예시:

- 식사 중에는 스마트폰을 내려놓고 대화에 집중하는 모습 보이기.

- 자기 전 스마트폰 대신 독서나 명상하는 습관 보여 주기.

※ 부모가 여가 시간을 보내는 모습은 자녀의 생활 태도에 모델이 된다.

5. 결론

스마트폰 및 미디어 중독 문제는 단기적 개입이 아닌 장기적인 관리와 교육이 필요한 과제다. 가정과 학교가 협력하고, 부모와 자녀가 함께 규칙을 세우며 생활 속 실천을 이어 간다면 충분히 극복 가능한 문제이다.

자녀에게 디지털 기기를 아직 주지 않았다면, 대학교에 들어간 이후에 주는 것이 더 좋다. 만일 이미 주었다면, 자녀가 '스스로 통제할 수 있는 힘'을 갖추도록 돕는 역할을 해야 한다. 이게 생각보다 쉽지 않다. 그러나 부모와 학교 선생님이 협력하여 함께 도와주어야 한다.

지속적인 관심과 대화, 일관된 원칙과 사랑이 병행될 때 자녀는 디지털 세상 속에서도 주체적이고 건강한 삶을 살아갈 수 있다. 이러한 가정 내 실천과 학교, 사회의 교육적 기반이 함께할 때 디지털 시대의 아이들은 스스로를 지키는 힘을 기를 수 있을 것이다.

• ○○학교에 제공한 학부모 및 교사를 위한 미디어 중독 가이드 자료입니다.

CHAPTER 6

스마트폰 너머,
과몰입을
회복하는 길

통제보다 중요한 건 회복입니다. 균형을 되찾고, 함께 걷는 길을 제안합니다. 디지털 시대를 건너는 부모와 아이에게 피할 수 없는 현실, 그 안에서도 방향을 선택할 수 있습니다.

1. 일상의 균형을 되찾는 연습

끊임없는 알림과 자극 속에서 우리는 점점 더 빠르게 반응하고, 점점 더 자주 화면을 들여다봅니다. 도파민에 길들여진 뇌는 평범한 일상에 흥미를 잃고 갈수록 자율적 선택보다 자동 반응에 익숙해지고 있습니다.

스마트폰 중독은 뇌의 보상회로가 왜곡된 결과이며, 사회적 흐름의 반영이기도 합니다. 이를 회복하기 위해서는 생물학적, 심리적, 사회적 접근이 통합된 전략이 필요합니다. 이제는 사용을 줄이는 것만으로는 충분하지 않습니다. 우리 일상의 균형을 되찾기 위해서는 의식적인 성찰과 환경의 재설계가 필요한 시점입니다.

회복의 첫걸음은 자신의 상태를 있는 그대로 바라보는 데서 시작됩니다. 중독은 대부분 "나는 괜찮다", "이 정도는 누구나 한다"는 식의 부인에서 비롯되며 이는 문제의 본질을 흐리고 회복을 지연시킵니다. 중요한 것은 사용 시간의 많고 적음이 아니라 삶의 통제권이 누구에게 있는가 하는 점입니다.

자기 인식은 스마트폰을 어떤 상황에서, 어떤 감정으로, 어떤 목적을 가지고 사용하는지를 구체적으로 들여다보는 과정입니다. 따라서 사용 빈도보다 '왜 손이 가는가', '사용 후 어떤 감정을 느끼는가'를 기록하고 관찰하는 것이 중요합니다. 예를 들어 외로울 때 SNS를 열고, 불안할 때 쇼핑 앱을 켜고, 지루할 때 숏폼 영상을 무작정 넘기게 된다면 이는 감정 조절 수단으로 스마트폰에 과도하게 의존하고 있다는 신호입니다.

"나는 왜 이 화면을 열었는가?"라는 질문을 수시로 던져 보는 것이 도움이 됩니다. 이 질문은 자동화된 반응을 의식적인 선택으로 전환시킵니다. 이때 사용의 목적을 명확히 하지 못한다면 이미 중독적 습관에 의해 움직이고 있을 가능성이 높습니다.

통제보다 거리 두기

중독은 반복된 자극이 뇌의 보상 시스템을 과도하게 활성화시키면서 점차 고착되는 행동 패턴입니다. 특히 스마트폰 중독은 끊임없는 알림, 시각적 자극, 보상 구조를 통해 뇌에 강한 조건 반사를 유도합니다. 따라서 회복을 위해서는 의지를 앞세우기 전에, 유혹을 일으키는 환경 자체를 차단하는 조치가 필요합니다.

사람은 환경의 영향을 받는 존재입니다. 중독 행동 역시 환경의 구조 속에서 무의식적으로 반복됩니다. 의지만으로 이를 끊어 내는 것은 매우 어렵습니다. 그렇기 때문에 중독 행동을 유발하는 자극 요소를 물리적으로 제거하거나 거리 두는 환경 설계가 반드시 필요합니다. 그렇다면 어떻게 주변 환경을 설계할 수 있을까요? 몇 가지 예를 살펴보겠습니다.

■ **알림 기능 끄기** : 모든 애플리케이션의 알림을 비활성화합니다. 알림이 반복되면 집중이 어려울 수 있습니다. 알림은 강력한 주의 자극이며, 중독 회로를 재활성화시키는 일종의 '디지털 호출 장치'로 작용합니다. 저 역시 필요할 때는 카카오톡, 문자, SNS 알림은 물론 전화까지 무음으로 설정해 두고 직접 확인하고 연락을 취하는 방식으로 소통합니다. 특히 다른 사람과 대화를 나누는 상황에서 알림 소리는 예의에 어긋날 수 있습니다.

■ **앱 제한 기능 설정하기** : 스마트폰 '스크린 타임' 기능 또는 앱 제한 애플리케이션을 활용하여 SNS, 게임, 쇼핑 앱 등의 하루 사용 시간을 사전에 설정합니다. 이때 사용자 본인이 아닌 가족이나 친구에게 암호 권한을 위임함으로써 제한 기능의 실효성을 높일 수 있습니다.

▪자기 전 거실에 두기 : 수면 직전 스마트폰 사용은 뇌의 멜라토닌 분비를 방해하여 수면의 질을 심각하게 저하시킵니다. 효과적인 대응은 스마트폰을 침실이 아닌 거실 등 다른 공간에 두는 것입니다. 이 습관은 초기에 불편할 수 있으나, 일정 시간이 지나면 중독의 고리를 끊는 중요한 전환점이 됩니다.

저 역시 잠자리에 들기 전 스마트폰을 끄고 거실에 두며, 머리맡에 두는 일을 가급적 피합니다. 침대는 수면 공간이지 영상이나 채팅을 위한 공간이 아닙니다. 침실의 기능을 '수면'으로 명확히 구분하고, 스마트폰은 침실 밖에서만 사용하는 규칙을 설정합니다.

▪휴식 공간의 재구성 : 스마트폰 대신 다른 선택지를 마련합니다. 책, 필기도구, 잡지, 음악 플레이어 등을 가까이 두는 방식으로 휴식 환경을 재구성할 수 있습니다. 중독은 대체할 수단이 없을 때 더 강해집니다. 중독의 고리를 끊기 위해 무엇보다 노출 구조를 바꾸는 일이 선행되어야 합니다.

반복적인 노출은 무의식을 통해 행동을 강화시키기 때문에 의지를 시험하기보다 환경 자체를 중독을 방해하는 방향으로 재설계할 필요가 있습니다. 자극을 줄이는 구조를 마련할 때 비로소 주의력이 회복되며, 자율성 또한 작동하기 시작합니다. 스마트폰 중독도 예외가 아닙니다. 환경이 바뀌면 행동이 바뀌고, 행동이 바뀌면 삶이 달라집니다.

규칙적인 일상 반복하기

스마트폰과 미디어에 대하여 이런저런 이야기를 해 왔지만, 사실 저도 SNS를 자주 많이 활용합니다. 유튜브, 인스타그램, 블로그, 홈페이지, 스레드, 페이스북을 열심히 합니다. 페이스북은 보통 하루에 5~7개, 90일에 500개 정도 올립니다. 그 기간 동안 조회 수는 150만 뷰 이상 나옵니다. 이렇게 열심히 하는 것을 때로는 중독이라고 말하기도 합니다. 실제로 열심히 하다 보면 중독에 빠지기도 하기에 틀린 말은 아닙니다.

그러나 반복해서 강조하지만 스마트폰과 SNS의 사용 시간 자체가 중요한 것이 아닙니다. 그것을 주체적으로 활용하고, 사용하는 목적이 분명하냐가 중요합니다. 이를 위해서는 자신을 지킬 수 있는 습관의 틀을 형성하는 것이 반드시 필요합니다.

평소 저는 먹는 것을 좋아합니다. 그런데 어느 날부터 살이 잘 안 빠지고 피곤해서 이제는 저녁을 먹고 난 뒤 그다음 날 점심까지 음식을 먹지 않습니다. 16~18시간 정도 공복 시간을 갖습니다. 그랬더니 몸도 개운해지고 속도 편해졌습니다. 저는 이렇게 SNS 사용도 12시간 공복 시간을 유지합니다. 대개 오전 10시 전까지, 그리고 밤 10시 이후 글이나 숏츠를 올립니다.

중독은 어떤 대상에 계속 붙어 있는 상태입니다. 끊지 못하는 것이며, 절제의 브레이크가 파괴된 상태입니다. 밤에 자는 것도 규칙적이고, 아침에 일어나는 것도 규칙적이어야 합니다. 그래야 일상이 무너지지 않습니다. 이러한 규칙이 없다면 건강을 장담할 수 없습니다.

무엇보다 운동, 독서, 창의 활동 등 비교적 저자극이지만 장기적 만족을 주는 활동을 일상에 도입해야 합니다. 뇌는 새로운 자극에 적응하는 능력이 있기 때문에, 건강한 습관이 반복되면 도파민 시스템도 점차 정상화됩니다.

갑작스러운 중단은 실패로 이어질 수 있습니다. 이루지 못할 목표를 세우는 것과 같습니다. 중독 행동은 단계적으로 줄여야 하며, 줄어든 시간은 대체 활동으로 채워 나가는 것이 바람직합니다. 예를 들어 하루 5시간 사용하던 스마트폰을 4시간 30분으로 줄이고, 남은 30분은 산책이나 필사 같은 활동으로 대체하는 방식입니다. 이러한 변화는 작게 시작하더라도 꾸준히 이어질 때 효과가 나타납니다. 무리하지 않고 지속 가능한 방식으로 접근하는 것이 중요합니다.

2. 혼자 해결하려 하지 마세요

스마트폰과 미디어 중독은 현대 사회에서 점점 더 심각한 문제로 부각되고 있습니다. 디지털 과몰입은 집중력 저하, 우울감, 감정 조절 장애 등을 동반하며 일부 경우에는 신체적 금단 증상이나 불안 발작을 유발하기도 합니다.

이러한 중독 증상이 두드러질 경우 디지털 디톡스뿐만 아니라 심리 상담과 약물 치료가 병행되어야 합니다. 알코올, 니코틴, 마약 중독처럼 신체적 금단 증상이 수반되는 경우뿐 아니라, 디지털 중독에서도 심리 상담과 약물 치료는 회복 단계에서 재발 방지와 안정된 일상 회복에 중요한 역할을 합니다.

전문적인 치료 접근

청소년 중독 상담을 하면서 심리 상담이나 약물 치료 등을 권하면 거부감부터 보이는 이들이 있습니다. 그러나 디지털 시대의 자녀 교육은 부모에게 새로운 도전입니다. 가정 안에서 부모만으로 해결하기 어려울 수 있습니다. 스마트폰 과몰입이 단순한 습관을 넘어 일상생활에 지장을 줄 정도라면, 더 이상 혼자 해결하려 애쓰기보다 전문가의 도움을 받는 것이 바람직합니다.

예를 들어 인지행동치료는 중독을 유지시키는 왜곡된 사고 패턴을 교정하는 데 효과적입니다. '이걸 하지 않으면 불안하다'

는 생각을 '이걸 하지 않아도 괜찮다'는 인지로 바꾸는 훈련을 통해 충동적 행동을 통제할 수 있습니다. 이러한 인지적 재구성은 중독 행동을 유발하는 감정적 반응을 완화하고, 자기통제력을 회복하는 데 도움을 줍니다.

중학교 2학년 서준이는 스마트폰 중독으로 인해 등교 거부, 수면 부족, 가족과의 단절을 겪었습니다. 부모의 반복된 제재는 오히려 갈등을 심화시켰고, 아이는 방에 틀어박혀 문을 잠근 채 나오지 않으려 했습니다. 초기 상담 검사 결과 서준이는 중증 수준의 스마트폰 과몰입 상태로 진단되었고, 그 이면에는 학교생활에 대한 불안과 또래 관계의 스트레스, 대인 기피 같은 심리적 요인이 자리하고 있었습니다.

이에 따라 심리 상담과 가족 치료를 병행한 회복 프로그램이 시작되었습니다. 부모는 중독을 단순한 훈육의 문제가 아니라 치료가 필요한 정서적 어려움으로 인식하게 되었고, 자녀와의 갈등을 점차 줄여 갔습니다. 가족 치료를 통해 부모의 대화 방식과 감정 표현이 아이에게 미치는 영향을 이해하면서, 서로에 대한 신뢰도 회복되기 시작했습니다. 부모는 상담센터 교육을 수강한 후 이렇게 말했습니다.

"아이가 왜 그렇게 스마트폰을 붙들고 있었는지 이제야 이해하게 되었어요. 함께 규칙을 정해 실천하다 보니 싸움이 줄었어요."

이처럼 청소년 중독 치료를 전문으로 하는 상담센터나 정신 건강의학과를 통해 맞춤형 치료 계획을 수립할 수 있으며, 필요한 경우 약물 치료나 가족 치료 등을 병행해서 우울, 불안, ADHD 등 기저 문제를 함께 다루는 것이 중요합니다. 정부와 학교에서도 관련 가이드라인을 지속적으로 홍보하고 있으며, 학부모 연수나 가정 통신문을 통해 정보를 제공하고 있습니다.

무엇보다 중요한 것은 부모의 지속적인 인내와 관심입니다. 아이마다 성격과 환경이 다르기에 획일적인 정답은 존재하지 않습니다. 다만 사랑과 소통을 기반으로 한 접근이 가장 효과적이라는 점은 모든 사례에서 공통된 원칙입니다.

"나는, 내 곁의 중독자는 어떻게 중독에서 자유로워질 수 있을까?"

이 질문은 해결책을 찾는 데 그치지 않고, 우리 삶의 방식과 관계의 본질을 되묻는 성찰입니다. 억제보다 이해로, 통제보다 공감으로, 혼자보다 함께일 때 비로소 회복의 길이 열립니다. 디지털 시대에 기술보다 사람을 중심에 둘 때, 우리는 서로에게 가장 강력한 울타리가 되어 줄 수 있습니다.

약물 치료와 개인의 신념

일부 종교 단체나 그룹에서는 약물 치료에 대해 강한 거부감을 드러내기도 합니다. 특정 종교 단체는 정신의학 전반에 대해 불신을 드러내기도 하고, 더러는 정신과 약물을 '마귀가 주는 혼란' 혹은 '영적 세계를 가리는 장벽'으로 표현하며 신앙을 약화시키는 요소로 간주합니다. 이러한 시각은 특히 반지성주의와 반과학 정서가 강한 집단에서 자주 나타납니다.

그런 경우 중독을 영적 타락이나 죄의 결과로 해석하며 기도, 참회, 수양, 영적 싸움만으로 해결하려는 경향이 나타납니다. 약물 치료는 믿음 부족의 표시로 오해되며, '오직 신앙으로 충분하다'는 주장이 반복됩니다. 스마트폰 중독을 '미디어의 영', '중독의 귀신'으로 해석하며 축사(귀신을 쫓는 의식)나 기도를 통해 해결하려는 접근에 유의해야 합니다. 영적 차원의 문제 인식은 중요하지만, 모든 심리적 문제를 악한 영의 역사로 환원하는 것은 심각한 단순화입니다.

이러한 관점은 중독자의 고통을 외면하고, 전문 치료를 방해하는 요소가 될 수 있습니다. 개인의 신앙은 회복의 강력한 동력이 될 수 있지만, 과학적 치료와 상호 배타적인 관계에 있지 않습니다. 신앙과 치료는 상호 보완적으로 작용할 수 있으며 중독 회복을 위한 통합적 접근이 더욱 효과적입니다.

약물 치료는 단지 뇌신경계의 균형을 회복시켜 주는 도구일 뿐, 신앙을 방해하거나 영혼을 억압하는 것이 아닙니다. 중독에는 신체적, 사회적, 심리적, 영적 요인이 복합적으로 얽혀 있습니다. 회복을 위해서는 단일한 해석이나 접근이 아닌 전인적이고 통합적인 치료가 필요합니다. 신앙과 의학은 서로 대립하는 것이 아니라 함께 작용할 수 있는 회복의 두 축입니다. 종교적 신념을 존중하면서도 치료의 필요성과 회복의 가능성을 함께 제시하는 균형 잡힌 대화가 필요합니다.

3. 함께 걷는 회복의 길

중독에서 벗어나는 과정은 종종 외롭고 힘든 싸움이 될 수 있습니다. 중독 회복은 혼자서 하기에는 어려운 싸움입니다. 고립된 상태에서는 회복의 동기를 유지하기 어렵고, 반복적인 실패는 자존감과 의지를 약화시킵니다. 이러한 상황에서는 외부의 지지와 구조적인 도움 없이는 회복이 지속되기 어렵습니다.

그럴 때는 공동체와 일상의 힘을 활용해야 합니다. '익명 중독자 모임(AA, NA)'과 같은 지원 그룹은 중독자 간에 유사한 경험을 나누고 서로를 격려하는 장을 제공합니다.[28] 같이 싸우는 동료가 있다는 사실은 회복 동기를 강화시키며, 정기적인 모임과 피드백은 재발을 예방하는 데 중요한 역할을 합니다. 공동체 안에서 형성되는 지지와 연대는 자존감을 회복시키고, 지속적인 행동 변화를 가능하게 합니다.

또한 일상에서 가볍게 실천할 수 있는 전략들은 회복의 기반이 됩니다. 지금 당장 시도해 볼 수 있는 실천들에는 다음과 같은 것들이 있습니다.

- **규칙적인 생활 습관** : 이는 회복의 기초입니다. 수면, 식사, 운동은 도파민 회로와 직결되며 일관된 리듬은 충동 조절 능력을 강화시킵니다.
- **일기 쓰기 훈련** : 이는 충동을 완화하는 데 효과적입니다. 묵상, 심호흡, 감정 일기 쓰기 등은 욕구를 관찰하고 수용하게 하여 도파민 과잉 반응을 조절합니다.
- **사회적 연결 유지** : 이는 중독을 예방하는 보호 요인입니다. 가족, 친구, 교회 등의 공동체 속에서 소속감을 회복하면 뇌는 안정적인 자극을 받아들입니다.
- **작은 성공과 보상 설정** : 이는 회복의 지속성을 높입니다. '오늘 하루 유튜브 30분 이하로 보기'를 실천 후, 산책이나 커피로 자신에게 건강한 보상을 주는 방식은 뇌의 보상회로를 새롭게 훈련하는 데 도움이 됩니다.

회복은 결심만으로 이루어지지 않습니다. 도파민 중독은 개인의 의지 부족이나 단순한 습관의 문제가 아닙니다. 뇌의 생리학적 변화, 심리적 패턴, 사회적 환경이 복합적으로 작용한 결과입니다. 따라서 회복 역시 단순한 결심이 아니라 뇌와 삶의 구조를 함께 바꾸는 장기 전략이 필요합니다.

회복은 느리지만 분명한 과정입니다. 회복은 천천히 이루어지는 뇌의 재편성 과정입니다. 자기 이해, 환경 정비, 건강한 습관, 전문적 치료, 공동체의 지지가 함께할 때 도파민에 지배되지 않는 건강한 삶을 되찾을 수 있습니다. 중독을 이겨 내는 길은 혼자가 아닌 함께 걷는 여정이며, 일상의 작은 실천이 그 길을 단단하게 만들어 줍니다.

4. 디지털 리터러시, 부모가 첫 교사

부모는 자녀의 첫 번째 미디어 환경입니다. 스마트폰 중독 문제를 해결하는 데 있어 부모의 역할은 결정적입니다. 자녀의 미디어 사용 환경을 조성하고 규제할 수 있는 1차적 보호자일 뿐 아니라 자녀가 일상적으로 모방하는 행동 모델이기도 합니다.

부모가 보여 주는 스마트폰 사용 태도와 대화 방식은 자녀의 습관 형성에 직접적인 영향을 미칩니다. 연구에 따르면 부모가 스마트폰에 과도하게 몰입하거나 자녀의 사용에 대해 일관성 없는 규율을 보일 경우, 자녀가 중독 위험에 노출될 가능성이 높습니다.[29] 부모가 올바른 지침과 태도를 가지고 접근할 경우, 청소년의 스마트폰 사용 습관은 긍정적으로 변화할 수 있습니다.

가정에서 부모 리터러시

오늘날 많은 부모가 자녀의 스마트폰 사용을 두고 깊은 고민에 빠져 있습니다. 그러나 정작 어떻게 자녀를 지도해야 할지에 대해서는 명확한 해답을 갖지 못한 경우가 많습니다.

부모 세대는 스마트폰이 일상화되기 이전의 시대를 살아왔고, 자녀 세대는 디지털 환경 속에서 성장했습니다. 이러한 세대 간의 경험 차이는 인식의 간극을 낳으며 단순한 통제만으로는 효과적인 지도가 어렵다는 현실을 마주하게 합니다.

부모는 시대에 맞는 자녀 지도법과 디지털 양육 역량을 새롭게 익힐 필요가 있습니다. 이러한 배움은 단지 정보 전달에 그치지 않습니다. 자녀와의 관계를 회복하고, 건강한 소통을 이어 가기 위한 실천적 지혜가 요구됩니다.

특히 스마트폰 사용에 대해 감정적으로 대응하는 방식은 문제를 더욱 복잡하게 만들 수 있습니다. 분노에 휩싸인 채 스마트폰을 갑작스럽게 빼앗거나 무조건적인 사용 금지를 선언할 경우, 자녀의 반발심을 자극하고 오히려 과몰입 경향을 심화시킬 수 있습니다.

청소년의 스마트폰 과몰입에는 심리적 만족감이나 사회적 보상이 내재되어 있을 가능성이 높습니다. 이러한 내면의 동기를 고려하지 않은 일방적인 제재는 부모와 자녀 사이의 신뢰를 약화시키고, 소통을 단절시키기 쉽습니다. 그렇기에 부모는 부정적인 결과만을 강조하기보다 공감에 기반한 대화법과 코칭 기술을 익혀야 합니다. 자녀의 행동을 이해하고, 반응보다는 대응하는 태도를 갖추는 것이 중요합니다.

디지털 시대의 양육은 과거와는 전혀 다른 감각과 역량을 요구합니다. 자녀의 스마트폰 사용을 둘러싼 문제는 단순한 기기 통제의 문제가 아닙니다. 부모의 이해와 실천이 함께 작동해야 하는 복합적 과제입니다.

그렇기에 부모의 역량은 오늘날 교육에서 반드시 다루어져야 할 핵심 주제이며, 건강한 디지털 환경을 조성하는 데 있어 필수적인 기반이 됩니다. 학교에서만 미디어 사용을 제한하는 것으로는 충분하지 않으며, 가정 안에서 부모가 일관된 태도로 지도하는 것이 무엇보다 중요합니다.

청소년의 디지털 습관은 하루하루의 생활 속에서 형성됩니다. 스마트폰 사용에 대한 명확한 규칙이 마련되어야 하고, 이를 실천할 수 있도록 표준화된 가정용 가이드라인과 실천 지원이 적극적으로 제공되어야 합니다.

다행히도 현재 다양한 기관에서 부모를 위한 교육 자료와 프로그램을 운영하고 있습니다. 여성가족부와 방송통신위원회가 참여한 '사이버안심존' 사업에서는 연령별 스마트폰 자가 점검표와 실천 가이드를 제공하고 있으며, 전국 청소년상담복지센터와 스마트쉼센터 등에서는 특강, 워크숍, 집단 상담 프로그램을 통해 전문가의 강의를 제공하고, 부모들 간 경험을 나눌 수 있는 장을 마련하고 있습니다.

통제보다 공감으로

디지털 환경은 우리 일상을 완전히 바꾸어 놓았습니다. 아이들은 손안의 화면을 통해 세상을 만나고, 부모는 그 속도를 따라잡기 위해 끊임없이 배워야 하는 시대에 살고 있습니다. 변화의 속도는 빠르고, 위험은 은밀하며, 그 경계는 모호합니다. 그렇기에 부모는 자녀의 감시자가 아니라 자녀의 삶을 함께 이해하고 동행하는 존재가 되어야 합니다.

중독은 관계의 균열에서 비롯된 내면의 신호일 수 있습니다. 아이가 보이는 방어적 태도는 때로는 외로움의 표현이며, 부모의 공감은 그 마음을 여는 열쇠가 됩니다. 효과적인 대화는 기술이 아니라 태도입니다. 경계를 세우되 마음을 닫지 않고, 솔직함을 유도하되 판단하지 않는 자세가 필요합니다. 그렇다면 구체적으로 어떻게 자녀와 소통해야 할까요? 이를 위한 세 가지 원칙을 나누어 봅니다.

▪ **부모가 모범을 보이자** : 자녀는 부모의 거울이라는 말처럼, 스마트폰 사용에 있어 부모의 태도는 자녀에게 직접적인 영향을 미칩니다. 하루 종일 스마트폰을 손에 쥐고 있는 모습을 보인다

면 자녀에게 절제를 요구하더라도 설득력을 갖기 어렵습니다. 식사 시간이나 대화 시간에 스마트폰을 멀리하고, 자녀와 눈을 마주치며 소통하려는 노력이 선행되어야 합니다. 부모가 절제하는 모습을 먼저 실천할 때 자녀 역시 자연스럽게 이를 따라 하게 됩니다.

■ **자녀와 함께 고민하자** : 자녀가 어떻게 스마트폰을 사용할지를 부모가 일방적으로 정하지 않아야 합니다. 자녀와 충분히 논의하고 합의하는 방식으로 설정하는 것이 바람직합니다. 예를 들어 '취침 시에는 거실에 스마트폰을 두고 자기', '시험 기간에는 SNS 앱을 일시적으로 삭제하기' 등 규칙을 상호 동의하에 정한 뒤, 가족 서약서로 명문화하면 실천 의지가 높아집니다.

무엇보다 중요한 것은 가족 내 정해진 규칙에 예외가 없어야 한다는 점입니다. 부모 역시 이 규칙을 함께 지켜야 합니다. 공동의 규칙은 신뢰를 바탕으로 하며 가정 내 질서를 세우는 출발점이 됩니다.

■ **일관된 태도를 유지하자** : 부모는 스마트폰과 관련해 일관된 태도를 유지해야 합니다. 자녀가 정한 규칙을 성실히 지킬 경우에는 충분한 칭찬과 격려를 통해 긍정적 지지를 제공하고, 규칙을 어겼을 때에는 감정적으로 반응하기보다 단호한 태도로 대응

하는 것이 바람직합니다.

이때 자녀에게 훈계만 해서는 안 됩니다. 왜 규칙을 어겼는지, 다음에는 어떻게 다르게 행동할 수 있는지를 자녀와 함께 대화를 통해 풀어 가는 방식이 도움이 됩니다. 특히 충동성이 강한 자녀의 경우에는 환경을 조절해 주는 것도 필요합니다. 밤에 몰래 게임을 하지 않도록 게임기나 스마트폰을 일정 시간 부모가 보관하는 방식의 현실적인 통제도 고려할 수 있습니다.

위의 세 가지 원칙은 자녀와 신뢰 관계를 맺고, 건강한 미디어 습관을 형성하는 데 기초가 됩니다. 스마트폰은 이제 삶의 일부가 된 만큼, 지속적이고 현실적인 가정 내 교육이 그 어느 때보다 중요합니다.

가정은 규제의 공간이 아니라 회복의 기반이 되어야 합니다. 부모의 배움은 자녀의 삶을 지키는 첫걸음이며, 그 실천은 일상의 언어와 행동 속에 녹아들어야 합니다. 스마트폰 과몰입은 단지 기술의 문제가 아니라 소통과 관계, 생활 문화 전반과 연결된 복합적인 과제입니다.

물론 회복의 여정은 가정만으로는 완성될 수 없습니다. 학교는 아이들의 일상과 성장의 중심이며, 지역사회는 그들을 둘러싼 환경입니다. 학교는 예방 중심의 디지털 리터러시 교육을 통해 아이들의 인식과 태도를 형성하고, 지역사회는 부모와 아이

모두를 위한 열린 배움터가 되어야 합니다. 부모 교육, 상담 프로그램, 공동체 기반의 회복 모임 등은 가정의 실천을 지속 가능하게 만드는 중요한 연결고리입니다.

예방의 시작은 가정에서 비롯되지만 그 지속은 학교와 지역 사회와의 협력 속에서 가능합니다. 부모는 규제자가 아니라 회복의 동반자이며, 공동체는 그 여정을 함께 걷는 든든한 배경이 되어야 합니다. 디지털 시대의 건강한 성장은 결국, 함께 배우고 함께 실천하는 문화에서 피어납니다.

5. 스마트폰 없이 즐거운 대안 활동

디지털 문명의 혜택 속에서 우리는 때때로 그 그림자와 마주합니다. 스마트폰은 삶의 편의를 높이는 도구이지만 그 편리함이 자녀의 일상과 관계를 잠식할 때, 우리는 새로운 질문을 던져야 합니다. "억제보다 더 근본적인 해결은 무엇인가?"

오늘날의 청소년은 손끝으로 세계를 탐험하며 스마트폰이라는 창을 통해 무한한 자극과 재미를 경험합니다. 그러나 그 몰입이 삶의 균형을 무너뜨릴 때, 우리는 그들의 관심을 건강한 방향으로 이끌 수 있는 또 다른 창을 열어야 합니다.

단절이 아닌 연결의 초대

어떤 집착은 억제보다 더 깊은 즐거움으로 풀어낼 수 있습니다. 스마트폰을 내려놓게 하는 가장 자연스러운 방식은 그것보다 더 매력적인 세계를 경험하게 하는 것입니다. 그 세계는 종종 아주 가까운 곳, 바로 가족과 함께하는 시간 속에 존재합니다.

성경 로마서에는 "선으로 악을 이기라"는 이야기가 나옵니다. 이 이야기를 우리 삶에 적용해 볼 수 있습니다. 즉 억지로 자녀의 스마트폰을 빼앗기보다, 자녀가 몰입할 수 있는 다른 좋은 활동들을 제시함으로써 자연스럽게 사용 시간을 줄이도록 하는 것입니다. 청소년은 온라인에서 자극과 재미를 찾는 경향이 강하기 때문에 그에 상응하는 오프라인의 대체 경험이 반드시 필요합니다.

부모나 교사는 자녀와 함께 운동, 놀이, 만들기, 독서 등 다양한 활동을 시도해 보아야 합니다. 특히 자녀가 흥미를 느끼는 분야를 중심으로 지속적인 격려와 권장을 해 주면 스마트폰 외의 세계에서도 즐거움과 성취감을 누릴 수 있습니다. 예를 들어 주말마다 가족이 함께 걷거나, 자전거를 타거나, 요리를 만들거나, 보드게임을 하는 것도 좋은 방법입니다.

스마트폰을 내려놓는다는 것은 단절이 아니라 더 깊은 연결을 향한 초대입니다. 그 연결은 가족의 웃음 속에서, 함께 만든 기억 속에서, 그리고 서로의 눈을 바라보는 순간 속에서 자라날 수 있습니다.

스스로 찾은 다른 즐거움

서울에 사는 중학교 1학년 준호는 스마트폰 게임에 지나치게 몰입하며 성적이 떨어지고, 친구와 갈등도 겪었습니다. 이에 가족은 매주 토요일 오전 '디지털 프리 타임'을 정하고 스마트폰 없이 함께 활동하는 시간을 갖기로 약속했습니다. 처음에는 어색해하던 준호도 부모와 함께 한강을 따라 자전거를 타고 간식도 나눠 먹으며 오랜만에 웃는 시간을 보냈습니다.

이후 주말마다 가족은 보드게임, 요리 대결, 가까운 산책 등 다양한 활동을 함께하며 스마트폰 없는 하루를 점점 자연스럽게 받아들이게 되었습니다. 준호는 스마트폰이 없어도 재밌는 일이 많다는 걸 알게 됐다며, 평소보다 부모와 이야기할 시간이 많아져 좋다고 했습니다. 부모 또한 아이가 억지로 스마트폰을 내려놓은 게 아니라 스스로 다른 즐거움을 찾게 된 것이 가장 큰 변화라고 했습니다.

이런 사례는 스마트폰을 억지로 제한하는 게 아니라 함께할 수 있는 대안을 제공함으로써, 가족 관계 회복과 스마트폰 의존 감소 모두를 이끌어 낼 수 있음을 보여 줍니다. 핵심은 자녀가 스마트폰 외의 삶에서도 충분한 정서적 만족을 경험하게 하는 것입니다.

오프라인 활동을 통해 자연스럽게 자존감과 소속감을 느끼게 되면, 스마트폰 중독으로 이어질 가능성은 낮아집니다. 스마트폰 사용을 줄이기 위한 교육은 단속보다 대체할 수 있는 가치 있는 경험 제공에 초점을 두어야 합니다.

디지털 시대를 건너는
항해자에게

스마트폰은 이제 우리 삶의 일부가 아니라 거의 모든 순간을 관통하는 존재가 되었습니다. 정보를 얻고, 관계를 맺고, 존재를 드러내는 방식조차 손안의 기기를 통해 이루어집니다. 하루의 시작과 끝, 고요한 틈마저 스마트폰이 채웁니다. 그러다 어느 순간, 우리는 그것을 사용하는 것이 아니라 그것에 의해 사용당하고 있는 자신을 발견하게 됩니다.

철학자 헤겔(Georg Wilhelm Friedrich Hegel)은 "주인이 노예를 과도하게 의존하면 결국 노예로 전락하고 노예가 주인이 된다"라고 했습니다. 그의 말처럼 지금 우리는 스마트폰과 미디어의 노예가 되어 가고 있는 것은 아닐까요? 무의식 중에 손이 가고, 멈추고 싶어도 멈추지 못하는 상태. 중독은 일상이 되었고, 피로에 무감각해졌습니다. 결국 우리는 방향성을 잃고, 정체성을 잃은 채 기술의 설계 안에서 방황하게 됩니다.

하지만 포기할 필요는 없습니다. 희망이 있습니다.

그리스 신화 속 오디세우스(Odysseus)는 항해 도중 사이렌의 유혹을 만났습니다. 사이렌은 아름다운 노래로 뱃사람을 유혹해 바다에 빠뜨리는 존재였습니다. 오디세우스는 귀를 막은 채 스스로를 돛대에 묶었습니다. 유혹을 받았지만 빠지지 않았고 결국 항해를 계속할 수 있었습니다.

우리는 지금 디지털 사이렌의 노래 한가운데를 지나고 있습니다. 화려한 콘텐츠, 끊임없는 알림, 즉각적인 보상의 유혹이 가득합니다. 그러나 오디세우스처럼 우리도 스스로를 묶어야 합니다. 삶의 틀을 세우고, 공동체 속에서 항해해야 합니다. 그래야 유혹을 뿌리치고 진짜 목적지에 도달할 수 있습니다.

스마트폰 과몰입은 개인의 의지만으로 극복하기 어렵습니다. 부모와 자녀, 교사와 학생, 공동체와 사회가 함께해야 합니다. 우리 각자는 중독의 유혹을 인식하고 전략을 세워야 합니다. 스스로를 지키며 곁에 있는 또 다른 나, 사랑하는 사람을 함께 붙잡아야 합니다.

이 책은 단지 경고를 위한 것이 아닙니다. 이겨 낼 수 있는 전략을 제시하고, 미디어 리터러시의 씨앗을 심기 위한 것입니다. 손자병법에 이르길 "지피지기 백전불태(知彼知己 百戰不殆)"라 했습니다. 적을 알고 나를 알면 백 번 싸워도 위태롭지 않다는 뜻입니다.

스마트폰은 단순한 적이 아닙니다. 우리가 통제하지 않으면 우리를 집어삼킬 수 있는 존재임을 인지해야 합니다. 손에 쥔 기기가 나를 다스리는 것이 아니라 내가 그것을 다스릴 수 있을 때 진정한 자유가 시작됩니다.

이제 책을 덮는 순간, 그 항해가 시작됩니다. 항해의 끝에는 기술을 넘어선 인간의 회복과 자유가 기다리고 있습니다. 이제 스마트폰에 매이지 않고, 미디어에서 자유로운 성숙하고 주체적인 사람이 되어 갈 일만 남았습니다. 독자들 모두가 미디어와 정보를 비판적으로 해석하고, 책임 있게 활용하며, 창의적으로 소통할 수 있는 능력을 갖게 되기를 소망합니다. 부디 건투를 빕니다.

주

1. 문화체육관광부, 국민 여가 활동 조사, 지표누리 사회지표, 2024.
2. 김형근, 『성 중독 회복을 향한 첫걸음』 서울중독심리연구소, 2011.
3. 데이비드 그린필드(David Greenfield)의 'The Center for Internet and Technology Addiction' 연구에 따르면 스마트폰 사용은 도파민 분비를 유도하며 중독성과 유사한 뇌 반응을 일으킨다.
4. Roy F. Baumeister & John Tierney, 『Willpower: Rediscovering the greatest human strength』 Penguin Press, 2011.
5. 대니얼 골먼, 『주의력의 힘』 청림출판, 2014.
6. 유네스코한국위원회, 교육 현장의 스마트폰 바람직한 해결책 찾기(https://unesco.or.kr/250306_01), 2025.
7. 한국정보화진흥원, 「스마트폰 과의존 실태 조사 보고서」 2025.
8. 김대진 교수, 서울성모병원 정신건강의학과, Frontiers in Psychiatry 게재 연구 내용 인용.
9. 질병관리청, 국가 건강 정보 포털 조사, 2024.
10. 경승구, 「청소년 스마트폰 중독 문제」 월간복지동향 제306호, 2024.
11. 윤효식, 「청소년 스마트폰 중독 실태와 치유」 행복한 교육 2024 여름호, 2024.
12. 국회의안정보시스템, 성폭력 범죄 처벌 특례법 일부 개정 법률안 의결 결과, 2024.
13. 한국여성인권진흥원 중앙디지털성범죄피해자지원센터, 「2024 디지털 성범죄 피해자 지원 보고서」 2025.
14. 한국도박문제예방치유원, 「2024년 청소년 도박 실태 조사 결과 보고서」 2025.
15. 경찰청 사이버범죄수사국, 「2024년 청소년 대상 사이버 도박 특별 단속 성과」 2024.
16. 영국 Daily Mail, 2025년 5월 8일자.
17. 미국 국립보건원 국립생물공학정보센터, 임상 사례 보고(Clinical Case Reports)에 제출된 연구 보고서.
18. Kim J, Kim H, Roh H, et al, 「The effects of smartphone use on upper extremity muscle activity and pain threshold」 J Phys Ther Sci. 2019.

19. 미국 소아과학회, 「Media Use by Children Younger Than 2 Years」 Pediatrics 128(5), 2011.
20. 영국 런던대 뇌·인지발달 연구소의 팀 스미스(Tim J. Smith) 교수는 관련 연구 결과를 국제 학술지 「Scientific Reports(https://doi.org/10.1038/s41598-021-81775-7)」에 게재했다.
21. 미국 공중보건국, 「Social Media and Youth Mental Health」 2023.
22. University of South Florida & Harris Poll, Life in Media Survey, 2025년 3월 발표.
23. 한국리스크관리연구원, 「아동·청소년의 스마트폰 및 디지털 장비 이용이 미치는 영향」 2025.
24. Pan Y., Zhang W., & Iskandar A., 「Impact of a Digital Detox Program on Screen Time and Sleep Hygiene in Adolescents」 Journal of Adolescent and Youth Psychological Studies, 2025.
25. Gui M., Gerosa T., Argentin G., & Losi L., 「Mobile media education as a tool to reduce problematic smartphone use: Results of a randomised impact evaluation」 Computers & Education, 2023.
26. 한국교육신문, '가짜 뉴스 판독' 핀란드 미디어 리터러시 교육 주목, 2025년 1월 24일자.
27. 김경일 외, 「청소년의 스마트폰 중독 예방을 위한 부모 참여형 교육 프로그램 개발 및 효과 분석」 청소년상담연구 29(1), 2021.
28. 익명 중독자 모임은 중독 회복 자조 공동체이다. AA(Alcoholics Anonymous)는 알코올 중독자를 위한 모임이며, NA(Narcotics Anonymous)는 약물 중독자를 위한 모임이다. '12단계 프로그램'을 기반으로 정기적인 모임과 상호 지지를 통해 회복을 돕는다. 국내 지역별로 다양한 모임이 운영 중이다.
29. 이정민 외, 「부모의 통제력 부족은 유아의 스마트폰 중독 경향 증가와 종단적으로 연관된다: 인구 기반 코호트 연구」 대한의학회지, 2024.

참 고 문 헌

- 곽호완, 『사이버 심리와 인터넷 스마트폰 중독』 시그마프레스, 2017.
- 김혁진·장하영·유은경, 『스마트폰 중독의 심리분석』 지식과감성, 2020.
- 베르트 테 빌트, 『디지털 중독자들』 율리시즈, 2017.
- Cal Newport, 『디지털 미니멀리즘(Digital Minimalism)』 민음사, 2020.
- Johann Hari, 『도둑맞은 집중력(Stolen Focus)』 어크로스, 2023.
- Mike Ribble, 『디지털 시민성과 리터러시』 커뮤니케이션북스, 2012.
- Paul Gilster, 『디지털 리터러시』 정보문화사, 1999.
- Renee Hobbs, 『미디어 리터러시: 비판적 사고와 시민성』 한울, 2018.
- Sherry Turkle, 『대화의 재발견(Reclaiming Conversation)』 민음사, 2017.
- Sherry Turkle, 『외로워지는 사람들(Alone Together)』 민음사, 2012.
- W. James Potter, 『미디어 리터러시 교육』 커뮤니케이션북스, 2014.

스마트폰 리터러시

손안의 감옥에서 자유하기

초판 1쇄 인쇄 2025년 12월 22일
초판 1쇄 발행 2026년 1월 5일

지은이   김영한
발행인   강영란
사업총괄   이진호

편집위원   김건우
편집   박관용 권지연
디자인   트리니티
제작   아이캔
물류   신영북스

발행처   샘솟는기쁨
주소   서울시 중구 수표로2길 9 예림빌딩 402 (04554)
대표전화   02-517-2045
팩스   02-517-5125
홈페이지   https://blog.naver.com/feelwithcom
이메일   atfeel@hanmail.net

ISBN   979-11-92794-75-4 (03370)